MON CARLIN

Maria Luisa Simone

MON CARLIN

De Vecchi

Traduction : Sandrine Morel

© 2008 Éditions De Vecchi S.A. – Paris

Imprimé en Italie

La loi du 11 mars 1957 n'autorisant, aux termes des alinéas 2 et 3 de l'article 41, d'une part, que les « copies ou reproductions strictement réservées à l'usage privé du copiste et non destinées à une utilisation collective » et, d'autre part, que les analyses et les courtes citations dans un but d'exemple et d'illustration, « toute représentation ou reproduction intégrale, ou partielle, faite sans le consentement de l'auteur ou de ses ayants droit ou ayants cause est illicite » (alinéa 1er de l'article 40).

Cette représentation ou reproduction, par quelque procédé que ce soit, constituerait donc une contrefaçon sanctionnée par les articles 425 et suivants du Code pénal.

Sommaire

Origines et histoire de la race

Le Carlin est un véritable molosse, à tout point de vue, mais en version miniature.

Le Carlin a été créé et sélectionné en Chine. (© Français/Cogis)

Ce chien, aux origines très lointaines, a été créé et sélectionné en Chine (il était le chien favori des cours d'Asie), mais il est également très apprécié en Hollande et surtout en Grande-Bretagne, pays qui partage aujourd'hui sa paternité au niveau de la fédération cynophile.

Le Carlin est très doux avec tout le monde, même s'il aime son maître par-dessus tout, et il se montre toujours disponible pour de grands moments de tendresse, même avec les étrangers. Il adore recevoir des visites et adopte des postures plus « humaines » que canines (il aime par exemple regarder la télévision ou encore dormir dans le lit de son maître, la tête posée sur l'oreiller et ainsi de suite). Il a un grand sens de l'humour et s'amuse à jouer et à plaisanter : c'est un grand malicieux !

Le Carlin, ce petit chien au museau écrasé et au corps de molosse, harmonieusement bâti par rapport à sa petite taille, appartient à l'une des races les plus anciennes au monde, qui remonte à plus de trois mille ans. Durant cette longue période, la fortune du Carlin a été très diverse et les périodes de grand succès ont fait place à d'autres où ce petit chien passait complètement inaperçu. Certaines époques, comme au XIXe siècle, ont marqué la décadence de la race, qui a même subi des changements génétiques ; c'est pourquoi il a été ensuite très difficile de ramener le Carlin à sa forme originale.

Le Carlin est d'origine orientale : les premiers témoignages le concernant nous conduisent à la ville de Gullin, au nord de Canton. Qui n'a pas ressenti une certaine émotion devant ces œuvres d'art représentant ce petit chien, peint couleur or ou bleu turquoise, sur des porcelaines raffinées ou encore sculpté dans des matériaux nobles ? Ces sculptures sont disséminées un peu partout dans différents pays et généralement placées par deux, à l'entrée des temples. Lorsqu'elles sont par deux, le chien situé à gauche tient sous sa patte avant droite une sphère, emblème du pouvoir ; en revanche, le chien situé à droite protège un petit chiot sous sa patte avant droite. On appelle « chiens lions » cette présence poétique qui conjugue différents sentiments de protection et ne se réduit pas à la défense du temple. Le couple de chiens a une fonction sacrée, comme les taureaux ou les lions dans d'autres civilisations : placés devant la porte du temple, ils éloignent le mal et tout ce qui est négatif. Cette représentation héraldique, tel un rêve astral, traverse toutes les époques des dynasties chinoises, de la facture en porcelaine blanche de la dynastie Ming à celle turquoise et d'autres couleurs, jusqu'à nos jours.

Selon l'importance des personnages – princes, mandarins, hautes personnalités du monde impérial –, les Carlin étaient un cadeau nuptial raffiné. Les eunuques les élevaient dans la ville sacrée, où ils jouissaient d'espaces particuliers et étaient soignés à l'écart des gens.

La personnalité du Carlin

Dans les temps anciens, une croyance voulait que le Carlin savait juger les gens ; il donnait son avis en inclinant la tête d'une certaine façon, accueillant joyeusement la personne bienvenue et aboyant contre la personne antipathique.

Quoi qu'il en soit, le Carlin est toujours affectueux et amical sous son air un peu revêche.

Le Carlin et l'empereur

Un Carlin très célèbre, nommé Wang To, appartenait à l'un des membres du conseil du règne de Hsi Tsoong, durant la dynastie Tang. Il était considéré comme un objet précieux et gardé caché aux yeux de tous ; un homme, qui avait découvert sa cachette, tenta de le voler et fut fouetté jusqu'au sang. Une autre histoire prouve la valeur exceptionnelle qui était attribuée au Carlin en Chine : l'empereur Ming de la dynastie Tang, en présence de sa très belle favorite Yang Kwer Fei, jouait aux échecs avec un prince. Son Carlin arriva et renversa tout le jeu ; ce qui aurait été considéré comme un sacrilège commis par toute autre persone fut accepté dans la bonne humeur par l'empereur.

Avec le temps, le Carlin a gagné une valeur mythique et, comme tous les mythes, il a changé d'aspects au cours des millénaires.

Autrefois, on pensait à la cour que les rides frontales du Carlin, de même que les marques en forme de point d'interrogation que certains sujets arborent sur leur poitrine, représentaient un idéogramme, au sens magique.

Le Carlin a changé d'aspect au cours des millénaires. (© Français/Cogis)

Le Carlin a connu différents noms au cours de son histoire. On trouve vers la moitié du XVIe siècle le nom « pug », qui réapparaît ensuite dans le dictionnaire de Bailey en 1731, mais ce mot désigne à la fois un chien et un singe ; il faut admettre que la tête du Carlin est en effet proche de celle d'une espèce de singe !

Selon le révérend Pearce, le nom « pug » dérive du grec et du latin : en latin, *pugnus* indique en effet l'extrémité du bras humain, le poing, qui rappelle le profil du Carlin. Selon Milo Delinger, dans son ouvrage consacré entièrement au pug, ce nom dérive de Puck, un personnage du *Songe d'une nuit d'été* de Shakespeare.

Dans le *Dictionnaire des éthologies* écrit par Robin Goodfellow et Friar Rush, le pug est décrit comme un chien à la face toute ridée. Les Chinois ont donné plusieurs noms au Carlin : *Foo* ou *Fu* (qui indique la race noble) ou encore *Le Chaing Sze*, ou *Le Chaing*, mais aussi *Pai Dog*.

Les Carlin originaires de la Corée ou du Japon sont appelés *Suchuan Pai Dog*. Au Tibet, on appelait le Carlin *Hand Drog*.

Il est probablement issu d'un croisement entre le Pékinois et le Chien Lion, qui étaient très célèbres en Orient. L'élevage de Carlin existe depuis la dynastie Chiang (1751-1111 av. J.-C.). Il semble qu'il ait été offert, avec d'autres animaux, au Prince de Hsin Lo et qu'il ait connu, dès lors, un franc succès.

Dans la province de Wang, on appelait le Carlin *Wo*, qui signifie « très clair ». Avant d'atteindre cette région, il venait de Kang, un des nouveaux royaumes fondés par l'empereur Wen dans la région de Pamir. L'empereur Kang Hsi célèbre la beauté et les autres qualités de la race et assimile les *Pai* aux races toy.

Le Carlin et l'art

Il semble que le Carlin ait été connu des Romains : Pline le Jeune le décrivait comme *multum in parvo,* **définition si adéquate que le Club du Carlin d'Angleterre en fit sa devise.**

Pendant le Moyen Âge, en Occident, on ne trouve pas de descriptions précises du Carlin. On l'aperçoit seulement dans quelques détails de sculpture, toujours avec la fonction d'exorciser le mal.

Au musée del Duomo de Milan, on trouve une belle tête de chien, attribuée au sculpteur toscan Tino di Camaino (1285 env. – 1337), qui rappelle un Carlin proche de ceux que l'on verra au début du XXe siècle.

Les différents noms du Carlin

Le Carlin, à travers les siècles, a eu plusieurs noms.

Les Chinois l'appelaient chien de Foo, ou Fu, qui signifie « d'origine noble ». D'autres noms ont été employés à la cour du Céleste Empereur : le Chaing Sze ou le Chaing Pai. Les Coréens et les Japonais l'appelaient Suchuan.

Aux Pays-Bas et en Finlande, il s'appelle ancore aujourd'hui « mopshond ». Dans d'autres pays européens, il est encore appelé « mâtin hollandais ». En Angleterre, on l'a appelé « pug » jusqu'à la fin du XVIe siècle, du latin *pugnus*. Les Italiens et les Français l'appellent Carlin depuis la fin du XVIIIe siècle, du nom de l'acteur de la Commedia dell'arte, Carlo Bertinazzi. Les Allemands l'appellent *mops*.

Pendant la dynastie Lo Chaing, dans la province de Szechauan Lo Chaing, le Carlin était très important ; pour preuve, depuis 950 av. J.-C., les habitants l'appellent *Le Chaing Sze*, ou simplement *Le Chaing* ou *Le Sze*.

Durant la dynastie Han, les artistes ont largement représenté le Carlin.

On a trouvé de très beaux Carlins dans les pierres tombales, notamment cette pièce archéologique dans la tombe d'un empereur de la troisième dynastie Han et qui est à présent exposée au Musée Cernuschi, à Paris, à côté d'une sculpture représentant un Carlin et datant de 1860. Le Carlin est représenté comme une figure du zodiaque : il regarde devant lui, debout sur ses pattes, l'air songeur et très digne ; il est de couleur sable et il émane de lui une grande élégance. Sa queue forme une boucle, comme les Carlin que nous connaissons aujourd'hui. Cette sculpture n'est pas empreinte d'une sacralité archaïque ; elle ressemble plutôt à un brûle-parfums et son style est moins distingué que les objets en terre cuite rose.

Il existe, en revanche, à la Fondation Barrel de Glasgow, une statue en céramique émaillée, qui ressemble à un Carlin noir, et de laquelle émane une atmosphère rituelle et sacrée.

Le caractère si particulier du Carlin et son étrange morphologie, associés à une expression énigmatique de son museau, ont très vite suscité l'intérêt de tous ceux qui l'ont croisé.

À travers leurs témoignages, nous pouvons reconstruire l'histoire « européenne » de cette race.

Selon certains, le premier pays à avoir fait la connaissance de cette race serait les Pays-Bas. La Compagnie Hollandaise des Indes Orientales avait une activité florissante et fut la première à importer de magnifiques spécimens de Carlin qu'elle appelait *mopshond*, nom que l'on utilise encore aujourd'hui dans les expositions. Lorsque Guillaume III et Marie II arrivèrent en Angleterre, en 1688, pour accéder au trône, ils emportèrent avec eux un groupe de pugs qui portaient des rubans de couleur orange autour du cou pour indiquer leur maison d'appartenance. Ils ont immédiatement plu à la cour anglaise, où on les a appelés à l'époque des mâtins hollandais.

Le Carlin s'est alors largement diffusé en Grande-Bretagne, pays qui a eu la plus grande influente dans la diffusion de cette race, puis dans tous les autres pays européens.

À quoi ressemble un beau Carlin ?

Le Carlin est un chien de petite taille mais vigoureux, compact, musclé, très puissant malgré son petit volume.

Ses oreilles noires, insérées dans sa tête, sont douces, petites ; soit elles tombent en pétales, soit elles sont plus ouvertes, révélant ainsi

Le Carlin est un chien de petite taille mais vigoureux, compact et musclé. (© Gauzargues/Cogis)

l'incarnat rose de leur peau. À présent, même chez les meilleurs sujets de la race, les oreilles sont assez grandes, sans doute pour des raisons d'ordre climatique.

Sa tête, par rapport à sa petite taille, est imposante et ronde, mais elle n'est pas en forme de pomme. Son museau est carré, court ; les rides sont larges et profondes ; la truffe est noire avec des narines bien ouvertes ; les lèvres sont bien dessinées et couvrent bien une denture légèrement prognathe.

Le chien ne doit montrer ni sa langue ni ses dents. Ses yeux sont grands, brillants, globuleux et de couleur très foncée.

Son corps doit s'inscrire dans un carré ; la partie avant doit être robuste, la poitrine doit bien descendre, le thorax est cerclé et le ventre ne doit pas être rétracté.

La queue doit être attachée haut et former une légère boucle sur la hanche ; la double boucle est très recherchée. À l'inverse, si la queue est courte et mal portée, ce défaut est aussi grave que des yeux petits et une mauvaise pigmentation, en particulier celle du masque, des oreilles, des griffes et des yeux. Toute personne souhaitant acheter un Carlin devra tenir compte de ces défauts.

La démarche du Carlin doit être désinvolte et rapide. Il est d'un caractère généralement calme, affectueux, disponible, même s'il se montre fier.

Cette race a subi de nombreux changements en trois siècles.

Les résultats les plus importants sont ceux obtenus depuis 1970 jusqu'à nos jours, années pendant lesquelles on a assisté à un regain d'intérêt pour le Carlin ; de nombreux éleveurs ont contribué à l'amélioration de la race. Le premier standard a été élaboré par le Club anglais en 1887, mais apparemment il n'a pas été beaucoup suivi.

Le standard en vigueur aujourd'hui a été publié par la FCI en 1987.

Pendant ces mêmes années, on a tenté d'améliorer la respiration de ce petit molosse, en sélectionnant des sujets aux narines bien ouvertes. Les yeux peuvent être moins grands et donc moins fragiles, mais je ne saurais dire si un sujet dépourvu de grands yeux est vraiment beau. Les membres antérieurs sont plus droits, solides et courts : dans l'ensemble, le chien est plus ramassé. La race est d'origine chinoise, mais britannique d'adoption.

Vous trouverez ci-dessous le texte intégral du standard FCI n° 253/d, agrémenté de quelques commentaires utiles en italique.

Aspect général

Franchement inscrit dans un carré et COB (compact et trapu), il est *multum in parvo* (beaucoup de substance en un petit volume) comme en témoignent ses formes compactes, la fermeté de sa musculature et son corps ramassé dans ses proportions.

Le corps doit s'inscrire dans un carré compact. Ses formes témoignent qu'il est multum in parvo, *ce qui est la définition même du Carlin. Sa musculature est harmonieusement répartie sur tout son corps.*

Caractéristiques

Un grand charme, de la dignité et de l'intelligence.

Tempérament

D'humeur constante, gai et de nature vive.

Le caractère du Carlin et sa façon de regarder sont les clés de son succès. Le Carlin est toujours disponible sans être servile ; il prend possession de ses espaces dans la maison au cours d'un mystérieux rituel. Les années passant, il manifeste une complicité croissante avec son maître, que nul ne peut remplacer.

À ce sujet, Piero Scanziani, qui a élevé plus de 230 mâtins napolitains, aimait à répéter que son Carlin avait une « présence » égalée par nul autre de ses chiens.

Tête et crâne

Tête grande, ronde, mais pas en forme de pomme, et dépourvue de sillon sur le crâne. Museau court, tronqué, carré ; il n'est pas retroussé. Rides clairement dessinées.

La tête est un élément typique chez cette race. Elle doit toujours être massive par rapport au reste du corps, alors que le « masque » est bien dessiné, rappelant celui d'Arlequin. Les grains de beauté, à côté de la bouche et orientés vers le haut, sont appréciés. La tête du Carlin noir est plus difficile à lire, en raison de la couleur uniforme : l'important est qu'il ait suffisamment de rides pour ressembler à un dragon.

La tête doit toujours être massive par rapport au corps. (© Hermeline/Cogis)

Yeux

De couleur foncée, très grands, de forme globuleuse ; leur expression est douce, à la fois soucieuse et affectueuse ; les yeux sont très brillants et pleins de feu lorsque le chien est en état d'excitation.

Ils doivent être suffisamment bien insérés pour ne pas laisser voir le contour blanc de la pupille, faute de quoi ils seraient comme les yeux d'un chien quelconque. De nombreux éleveurs affirment que les yeux du Carlin sont trop grands et trop fragiles. Ils ne sont certainement pas très fragiles et, s'ils étaient plus petits, le Carlin perdrait son expression si exotique. Qu'y gagnerions-nous ?

Oreilles

Minces, petites, douces au toucher comme le velours. Deux formes sont admises : « l'oreille en rose » (petite oreille tombante qui se replie en arrière pour découvrir le conduit externe) et « oreilles en bouton » (le pavillon retombe en avant, l'extrémité étant tout contre le crâne, de façon à couvrir l'orifice de l'oreille et dirigée vers l'œil). L'oreille en bouton est préférée.

Les oreilles sont recouvertes d'un poil plus fin et plus soyeux que sur le reste du corps. Il s'agit là d'un des traits distinctifs qui montrent la qualité d'un élevage. À présent, on les accepte également de plus grande taille, ce qui n'est pas sans laisser présager des problèmes pour cette race.

La position correcte des oreilles

Les oreilles du chiot doivent descendre à la hauteur du coin des yeux. Lorsqu'il fait ses dents, il arrive qu'elles soient asymétriques, rendant son expression peu conforme à ce qu'elle doit être. Cela était autrefois considéré comme un grave défaut. Aujourd'hui, si le chien est très beau par ailleurs, cela n'influence pas l'avis des juges. Comment faire cependant pour y remédier ? Il suffit parfois d'attendre que les dents soient sorties : une fois la crise douloureuse terminée, les oreilles se remettent en place d'elles-mêmes. Parfois un massage peut aider. Une méthode efficace consiste à plier les oreilles, en formant deux cornets.

Une expression douce, à la fois soucieuse et affectueuse. (© Simon/Cogis)

Les rides sont clairement dessinées. (© Grossemy/Cogis)

Bouche

Léger prognathisme inférieur. La mâchoire déviée latéralement, les dents ou la langue visibles (la bouche étant fermée) sont trois défauts très graves. La mâchoire inférieure est large ; les incisives inférieures sont sur une ligne presque droite.

Autrefois on parlait beaucoup de la bouche du Carlin, que l'on comparait à la gueule d'un dragon, béante comme celle des statues des temples asiatiques. La bouche du Carlin noir présente des lèvres encore plus grandes et la partie inférieure est de couleur différente par rapport aux fauves, notamment parce qu'elle ressort plus sur un pelage noir.

Cou

Légèrement galbé de façon à rappeler, dans son profil supérieur, la forme convexe d'un cimier (crête de casque), fort, épais et d'une longueur suffisante pour porter fièrement la tête.

Le cou est un organe important qui apporte grandeur et fierté à la tête ; il doit toujours être dressé.

Membres antérieurs

Les antérieurs sont très forts, droits, de longueur modérée et bien sous le corps. Épaules bien obliques.

Tronc

Court et COB. Dos : ligne du dessus droite. Elle n'est ni voûtée (dos de carpe), ni plongeante. Poitrine : large et pourvue de bonnes côtes.

Le corps doit être ramassé à l'intérieur du squelette, sans montrer les os.

Cela ne signifie pas pour autant que le chien est gras ; il est au contraire bien musclé.

Les oreilles sont minces, petites et douces au toucher.
(© Grossemy/Cogis)

Les membres antérieurs sont très forts et droits. (© Grossemy/Cogis)

Membres postérieurs

Les postérieurs sont très forts, de longueur moyenne ; les membres sont bien sous le corps, droits et parallèles quand ils sont vus de derrière. Grassets : bien angulés.

Ces chiens sont agiles et exigent une activité physique adaptée.

Pieds

Pas aussi longs que des pieds dits « de lièvre », pas aussi ronds que des pieds dits « de chat ». Doigts bien séparés ; ongles noirs.

Queue (dite spire)

Attachée haut, formant une boucle aussi serrée que possible sur la hanche. La double boucle est très recherchée.

La queue du Carlin est l'une des plus typiques de la race canine. Elle doit être portée sur le côté, bien enroulée.

Lors de la première exposition américaine, la compétition fut suspendue parce que le juge ne savait pas de quel côté la queue devait retomber. Puis on décida qu'il n'était pas très important de savoir de quel côté de la hanche la queue formait une boucle.

Allure

Vus de devant, les antérieurs doivent se lever et se poser à l'aplomb de l'épaule ; les pieds restent bien dirigés vers l'avant, sans tourner ni en dedans, ni en dehors. Vu de derrière, le mouvement est également dans l'axe du corps. Action puissante des antérieurs qui se portent bien en avant. Les postérieurs se déplacent librement en mettant bien en jeu l'articulation du grasset. L'allure est caractérisée par un léger roulis du train arrière.

Robe

Poil fin, lisse, doux, court et brillant. Il n'est ni dur ni laineux.

La queue du Carlin est l'une des plus typiques de la race canine.
(© Grossemy/Cogis)

Mais ce n'est pas toujours le cas, comme par exemple chez les mâles élevés dans le nord de la Grande-Bretagne. On comprend que, dans un pays très froid, le pelage a tendance à s'épaissir et à s'allonger. Quoi qu'il en soit, pour être de bonne qualité, le poil doit être doux, de bonne tessiture et brillant. Cette race est sujette à la mue saisonnière. Les chiens qui vivent en ville, dans les maisons surchauffées, ont également une robe courte en hiver ; c'est pourquoi il ne paraît pas toujours au mieux de sa forme.

Couleur

Argent, abricot, fauve ou noir. Chaque couleur est nettement définie afin que le contraste soit complet entre la couleur de la robe, la « trace » (raie noire s'étendant de l'occiput à la queue) et le masque. Les marques sont nettement définies. Le museau ou masque, les oreilles, les grains de beauté sur les joues, la marque du pouce ou losange sur le front et la raie sur le dos (trace) sont aussi noirs que possible.

On a beaucoup glosé sur la couleur du Carlin. Une couleur très appréciée est celle dite « isabelle », du nom de la reine d'Espagne. Il s'agit d'une couleur claire, dans une tonalité poudrée, qui fait ressortir le masque et les oreilles ; le dos est plus foncé.

Ces dernières années, même les juges les plus sévères ont récompensé des pugs dont la couleur n'était pas parfaite, mais qui offrait un bel ensemble. La ligne sur le dos est rare et récompensée par les expositions du Club anglais.

La double boucle de la queue est très recherchée. (© Lanceau/Cogis)

Le masque est aussi noir que possible. (© Grossemy/Cogis)

Poids

Le poids idéal varie entre 6,3 et 8,1 kg (de 14 à 18 livres anglaises).

Le poids a toujours fait l'objet de controverse, car un mâle typé ne pèse pas forcément entre 6 et 7 kilos. On tend à observer des Carlins plus lourds, mais il ne faut pas dépasser les limites du raisonnable pour que le sujet donne une impression de solidité dans le carré et dans la substance.

Défauts

Tout écart par rapport à ce qui précède doit être considéré comme un défaut qui sera pénalisé en fonction de sa gravité.

N.B. : les mâles doivent avoir deux testicules d'aspect normal complètement descendus dans le scrotum.

L'arrivée d'un chiot

Le Carlin bénéficie actuellement d'une grande notoriété : il est devenu un chien à la mode. Mais on ne se décide pas à acquérir ce petit chien sous prétexte qu'il est un phénomène de mode ou, pour certains, le symbole d'un statut social. Ce petit chien va peser dans la vie familiale dont il va devenir un membre à part entière.

N'achetez pas un Carlin si cette petite bête doit rester des heures et des heures toute seule pendant la journée. Le Carlin n'aime pas la solitude ; c'est un grand joueur : l'idéal, pour lui faciliter la vie et faire son bonheur, serait de lui offrir un compagnon ou une compagne. Les pugs vivent facilement à deux, peu importe qu'il s'agisse d'un mâle ou d'une femelle ; l'important est qu'ils aient de la compagnie. Mais il va de soi que tout le monde ne peut pas se permettre de posséder deux chiens.

Pour acheter un Carlin, je vous conseille de vous adresser à un éleveur recommandé par la SCC (Société Centrale Canine, 155, avenue Jean Jaurès, 93535 Aubervilliers cedex).

Vous pouvez également vous informer auprès du Club francais du Boston Terrier & du Carlin.

Si, au moment de votre demande auprès de l'éleveur, aucun chiot n'est disponible, faites tout de même une réservation et attendez patiemment : votre désir sera vite comblé. Le Carlin vous procurera de grandes satisfactions et le chiot vous touchera en plein cœur. Votre Carlin se distinguera par un geste, une attitude particulière qui vous fera craquer toute sa vie durant.

Allez le chercher chez un éleveur et pensez-y : un éleveur sérieux vous demandera pourquoi vous voulez précisément un Carlin et s'informera du mode de vie que le petit animal trouvera chez vous. Sera-t-il seul ou avec d'autres chiens ? Avez-vous des enfants ? Le chiot pourra-t-il se promener dans la maison ? Les questions fuseront, car seul un éleveur sérieux vous donnera un bon chien.

Réfléchissez bien avant de vous décider à acheter un chiot.
(© Grossemy/Cogis)

Il est difficile de choisir un chiot, mais vous verrez que l'un d'eux commencera à jouer avec vous ou qu'un autre vous regardera d'une certaine façon.

Un empereur chinois affirmait que le Carlin qui vous choisit sera à vous pour la vie. Le sujet doit évidemment être en forme, robuste, légèrement trapu mais pas obèse. Les membres antérieurs doivent être droits, la queue en boucle et la bouche doit présenter une bonne fermeture. On autorise un léger prognathisme ; en revanche, le ventre ne doit pas être gonflé.

Les yeux du Carlin sont brillants mais pas humides, le pli sur le nez propre, la robe sans altérations. L'âge idéal est environ 3 mois, après que le chiot a été vacciné contre les maladies infantiles.

Le Carlin présente souvent une bande noire sur le dos ; son poil, pour être de bonne qualité, doit être court et soyeux. Les griffes sont noires, de même que le masque et les oreilles. Le Carlin peut avoir un pelage noir, à condition d'être brillant, comme celui d'une panthère.

Enfin, n'achetez pas de sujets sans papier ni garantie. Avant de prendre le chien, notez le nom des parents et leur numéro d'immatriculation au Livre des Origines Français (LOF), ainsi que la date de nais-

L'idéal serait de lui offrir un compagnon. (© Grossemy/Cogis)

sance du chiot : vous pourrez ainsi procéder à certaines vérifications auprès de la SCC.

Avant d'acheter le chien, renseignez-vous sur le règlement de la copropriété en ce qui concerne la présence de chien en appartement. Vous verrez que le Carlin n'est pas très bruyant : lorsqu'il vit à deux, il aboie rarement ; en revanche, il se met à aboyer dès qu'il entend la sonnette de votre domicile et il court au devant de l'étranger, comme un vrai chien de garde.

Mâle ou femelle

Est-ce que je prends un mâle ou une femelle comme chien de compagnie ? Voilà une question bien subjective. Quelle que soit votre décision, le chiot fera preuve de grandes qualités telles que la fidélité et le dévouement. Au quotidien, en revanche, votre décision vous conduira à des situations bien différentes.

Mâle ou femelle : le choix est difficile. (© Grossemy/Cogis)

Le choix d'un mâle ou d'une femelle n'implique rien du point de vue du caractère, car ils ont tous les deux un caractère doux et affectueux. En ce qui concerne la femelle, le problème des chaleurs se pose à partir de l'âge de neuf mois, et ce deux fois par an ; pendant cette période, vous devez surveiller votre chienne, car elle sera très inquiète et risquera d'attirer tous les mâles du quartier. Excepté si vous les équipez de protections hygiéniques, les femelles peuvent tacher votre intérieur avec leur sang pendant

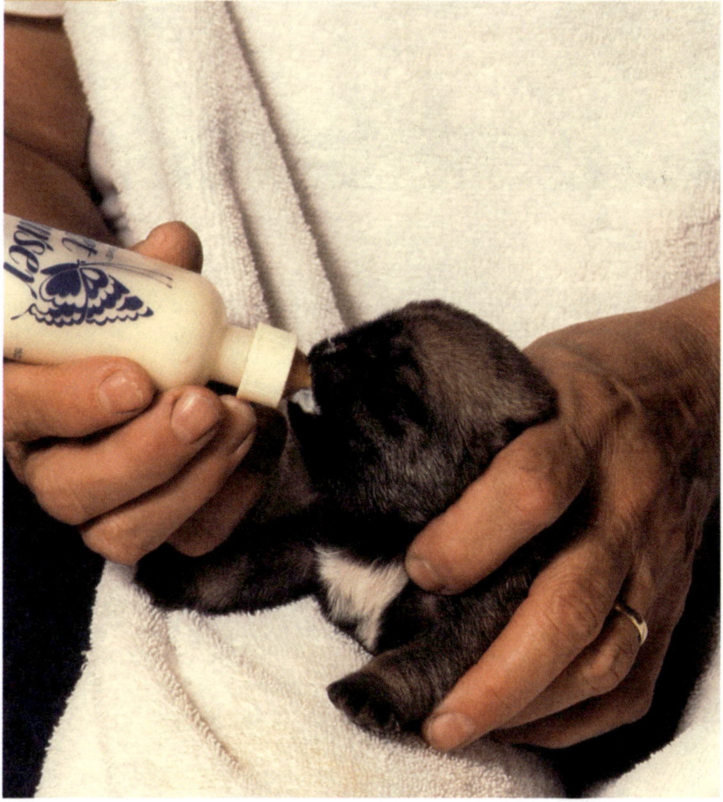

Si vous choisissez une femelle, vous devez envisager d'avoir à nourrir ses petits en cas de problème. (© Français/Cogis)

Petit à petit le chien se socialise, y compris avec les autres espèces. (© Gehlhar/Cogis)

la période des menstruations. Ce problème n'est pas si grave avec cette race : il vous suffit de prendre quelques précautions et de laisser votre chienne tranquille sur sa couche. Les autres mois, la femelle Carlin est tranquille et affectueuse, toujours disponible pour son maître.

L'avantage du mâle est qu'il ne souffre pas de périodes critiques, mais il est toujours très sensible aux odeurs qu'il rencontre sur son chemin, et se montrera ainsi belliqueux à l'égard des autres chiens pour affirmer son territoire.

En ce qui concerne l'hygiène, le mâle n'est pas très différent de la femelle : il y a des mâles qui sont propres et des femelles qui salissent tout, même leur couche. Tout dépend en fait de l'éducation que vous leur donnerez. Si vous avez opté pour une femelle, il vous faut envisager la possibilité de la naissance d'une portée chez vous ; vous devrez donc suivre une mise bas, sevrer les petits Carlin et les garder avec vous pendant au moins trois mois.

La femelle est assez docile et ne vous causera pas beaucoup de problèmes, que ce soit durant la gestation, la mise bas ou l'allaitement.

Vous pourrez, du reste, prendre conseil auprès d'un vétérinaire qui vous indiquera comment assister votre petite chienne pour éviter les problèmes et profiter ainsi de cette magnifique expérience d'avoir une portée.

Mais si vous ne souhaitez pas vous encombrer de cette tâche, alors optez pour un mâle. Il manifestera également très vite ses besoins sexuels et devra les assouvir avec une femelle de la même race que lui et mise à sa disposition. Certains Carlin ont également très bien vécu sans jamais voir de femelles ; cependant, c'est injuste pour eux : le Carlin, qu'il soit mâle ou femelle, doit également être respecté dans sa sexualité, en faisant preuve de bon sens, naturellement.

Les premières années de leur vie, les mâles et les femelles ont un caractère très proche et, le temps passant, ils conservent des traits communs.

La femelle reste joyeuse jusqu'à un âge tardif ; le mâle, en revanche, est plus sérieux, très majestueux et même réservé. Le caractère du chiot dépend beaucoup de son mode de vie. Les premiers mois de sa vie, il doit voir beaucoup de gens, sortir le plus possible et ne pas devenir esclave de son maître.

Passée l'enfance, le mâle comme la femelle s'intègrent facilement dans la maison, car ils sont tous deux très intelligents. Il est préférable que les chiots vivent à deux, même s'ils sont du même sexe : ils grandissent mieux s'ils ont de la compagnie. Ils étaient deux également devant la porte des temples : le mâle avec une sphère, la femelle tenant un petit sous sa patte.

Le caractère du Carlin

Il n'est pas aussi fragile qu'il le paraît : s'il est bien suivi, ce chien robuste tombe rarement malade.

L'important est de choisir un chiot d'excellente lignée.

Malgré son air « bourru », c'est un véritable chien de compagnie et, comme il n'a pas besoin de trop d'activités physiques, il convient parfaitement aux personnes âgées.

Ce qui le rend vraiment heureux ? Rester à la maison, près de son maître, bien sûr.

En grandissant, les chiots établissent une hiérarchie entre eux. (© Grossemy/Cogis)

Les premiers mois de leur vie

Dès les premières semaines de sa vie, le chiot commence à se sociabiliser avec ses sœurs et ses frères. S'il est tout seul, placez un réveil sous sa couverture : il prendra le tic-tac pour les battements du cœur de sa mère, qui d'ailleurs a tendance à négliger son petit lorsqu'il est unique. Dans ce cas, vous devrez également le suivre sur le plan psychologique.

Les yeux du chiot s'ouvrent vers l'âge de deux semaines ; il commence alors à sentir, à découvrir le monde et à se déplacer. À quatre semaines, les chiots commencent à se reconnaître entre eux ; leur mémoire commence à se développer, leur sphincter fonctionne et vous verrez que les petits ont tendance à déposer leurs excréments loin de leur couche. Les chiots entament leurs petits jeux ; les premières rivalités apparaissent, de même qu'un début de hiérarchie entre eux.

À cinq semaines, un chiot est développé comme un bébé de deux ans et manifeste ses premières réactions nerveuses et ses émotions, en les communiquant avec son museau qui change peu à peu d'expression. À six semaines, son développement se fait plus dans la sensibilité et le petit ressent les premiers dangers. À douze semaines, il établit ses premiers rapports avec les gens, en fixant dans son esprit leur physionomie, en reconnaissant le son de leur voix et en enregistrant d'autres détails qui lui resteront pour toujours. À cet âge, il marche facilement avec la laisse et comprend les signes et les mots indiquant qu'il doit se montrer et défiler devant le jury lors des expositions.

L'éducation est très importante : grâce à elle, en cas de danger, par exemple l'arrivée soudaine d'une voiture ou la menace d'un grand chien, le Carlin est capable de le ressentir et de l'éviter. Les stimulations les plus diverses sont utiles, comme par exemple la télévision : le Carlin qui écoute la bande-son des westerns ne sera jamais peureux ni paresseux.

Éducation et vie au quotidien

L'arrivée à la maison

Le grand jour est arrivé : vous ramenez chez vous le chiot que vous avez choisi dans l'animalerie ou dans un élevage. Même si vous êtes très occupé, pensez que, pour le chiot, il s'agit d'un jour important. Vous devez lui faire sentir qu'il est au centre de l'attention et que tout le monde l'aime beaucoup. Dès qu'il arrive chez vous, montrez-lui l'endroit où il pourra rester pendant la journée, avec sa couche, son coin pour faire pipi sur le journal et sa pâtée.

Sa première couche doit être faite avec un matériau sans danger pour lui. Méfiez-vous de ces beaux paniers en osier qui semblent si accueillants : la tentation est grande pour le Carlin d'y mettre ses petites dents. Il apprécie beaucoup de mordiller l'osier mais, s'il avale ne serait-ce qu'un petit morceau, il peut se transpercer la gorge et l'estomac. Si le matelas est en polyuréthane, c'est pire encore : une fois réduit en miettes et avalé, il gonfle dans l'estomac et représente un grand danger. Il existe deux types de couche adaptée : pour l'été, un simple petit lit de camp recouvert d'un tissu en coton facile à retirer et à nettoyer ; pour l'hiver, il faut doubler la couche d'un vieux plaid que le Carlin adaptera à son corps et qu'il fera sien. Le Carlin aime beaucoup pouvoir se reposer, étendu de tout son long dans sa couche. Associez au plaid un coussin assez bas : il pourra s'amuser à le détruire sans mettre sa vie en danger.

Équipez également sa couche de petits jouets, d'os en peau de buffle, de balles souples et sonores. Vous en trouverez différents types dans le commerce, mais surtout prenez-les de bonne qualité et sans couche de peinture, ce qui pourrait être dangereux.

Pensez à équiper sa couche de petits jouets. (© Grossemy/Cogis)

Les jouets sont très importants pour les chiots ; il serait préférable que le chiot arrive chez vous avec quelque chose qui l'attirait beaucoup dans son ancienne maison, mais ce n'est pas toujours possible. Faites en sorte que, lorsque vous sortez, il ait dans sa couche un vieux tricot ou toute autre chose imprégnée de votre odeur : cela le rassurera beaucoup en attendant votre retour. Quoi qu'il en soit, je conseille la chose suivante : si vous le pouvez, faites que votre Carlin ait une compagnie, même un sujet du même sexe que lui.

Sa couche peut rester dans la cuisine ou à un endroit où vous pourrez mieux le surveiller. Le chiot ne doit pas toujours se sentir seul. Si vous disposez d'une terrasse, d'un balcon ou, mieux encore, d'un petit jardin, vous pourrez y installer sa couche suivant la saison. Le soleil fait du bien au chiot mais, s'il est âgé de moins de dix semaines, il vaut mieux qu'il ne prenne pas le soleil direct. Créez son endroit à lui, à l'ombre ou au soleil, où il aimera volontiers passer du temps. Si sa couche est à la cuisine, installez des journaux à proximité, une gamelle d'eau et une de lait.

La première nuit, vous pouvez laisser le chiot dormir seul, dans l'obscurité, dans une couche moelleuse et chaude en hiver, et sur son petit lit de camp en été. Soyez attentif aux courants d'air ; cette race y est très sensible, ainsi qu'aux écarts de température. Vous serez tenté de le mettre dans votre chambre à coucher : une fois que vous aurez choisi, vous ne pourrez plus vous raviser, car le chien souffrirait beaucoup de ce changement !

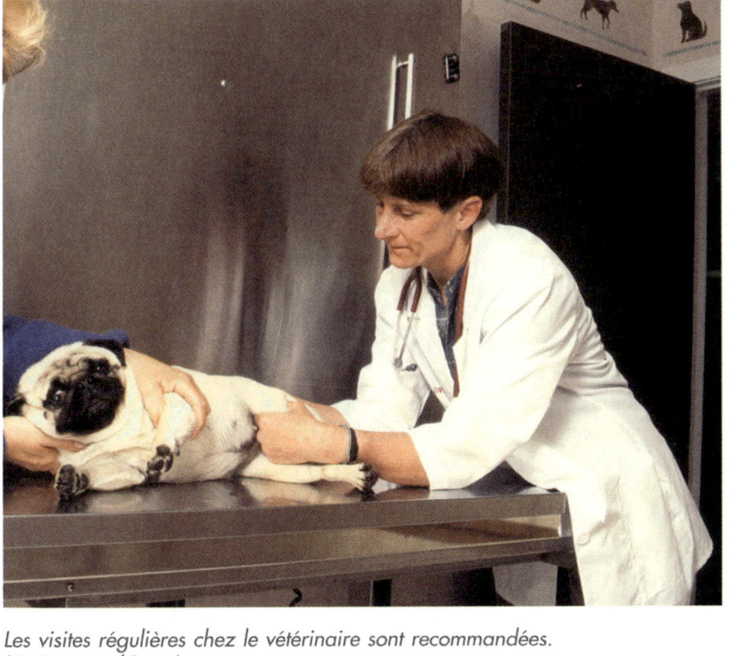

Les visites régulières chez le vétérinaire sont recommandées. (© Français/Cogis)

Le lendemain de son arrivée, allez chez le vétérinaire pour examiner l'état de santé général de votre chien et pour vérifier que tous les vaccins ont été faits. Tout le monde en sera plus tranquille et cela vous facilitera la vie avec votre nouveau compagnon.

Vous pouvez également installer un enclos métallique pour votre Carlin ; cet espace ne doit cependant pas être perçu comme un lieu de punition, mais de protection. Il pourra attendre votre retour dans son enclos, en compagnie de tous ses jouets. Il y aura toujours à sa disposition de l'eau, du lait et des croquettes pour chiots, ainsi que quelques biscuits correspondant à son âge. Vous lui présenterez les aliments dans une gamelle en inox ou en céramique : toutes les écuelles en plastique ne conviennent pas pour son alimentation ; parfois elles ne sont pas solides et le petit animal pourrait les réduire en morceaux et les avaler. Cet espace vous sera également très utile pour l'y enfermer lorsque vous recevrez des personnes qui n'apprécient pas beaucoup les chiens.

Après la fête que représente l'arrivée du Carlin et son intégration dans la famille, vous devrez aborder le problème de son éducation. Le petit animal fait généralement ses besoins après avoir mangé. Si vous êtes présent à ce moment-là, n'oubliez pas de lui dire « bravo ! » pour avoir fait au bon endroit et changez aussitôt le journal. Il prendra ainsi de bonnes habitudes. Très souvent, les Carlin font pipi comme les chats, dans une petite caisse remplie de litière. Si vous préférez qu'il apprenne plutôt à faire ses besoins dehors, dès qu'il a toutes ses vaccinations, emmenez-le dehors après chaque repas : lorsqu'il a fait ses besoins, félicitez-le en lui faisant un grand compliment et donnez-lui une petite récompense. Puis, commencez à l'emmener dehors toutes les deux ou trois heures et félicitez-le de la même manière.

Il vous faudra commencer très tôt à équiper votre petit chien d'un collier souple, afin que l'animal s'habitue à le porter. Certains accrochent une petite clochette au collier ; ainsi, tout le monde l'entend lorsqu'il se déplace et cela évite de lui marcher dessus. Le Carlin a un bon caractère : il acceptera facilement le collier et se pliera volontiers à la laisse, même dans sa couche pour s'amuser.

Si vous le promenez en laisse chez vous, il apprendra à vous suivre docilement.

Il ne doit pas ressentir la laisse comme une punition, mais s'y habituer peu à peu. Commencez à lui apprendre avec fermeté le « oui » et le « non ». Ne haussez pas la voix, mais soyez convaincu : il apprendra ainsi ce qu'il peut faire et ce qui est interdit. Vous verrez qu'il est très intelligent et vous obéira volontiers, en vous regardant d'un air complice, propre à cette race.

Votre petit molosse appréciera les promenades. En tirant fermement sur sa laisse, mais pas trop fort non plus, il apprendra très vite à marcher et à bien se comporter dans la rue. La laisse idéale est la « laisse-enrouleur » équipée d'un ruban résistant et lessivable.

Un chien bien éduqué ne salit pas les trottoirs et, en prenant garde au trafic routier, il est préférable de lui apprendre à descendre la marche. Quoi qu'il en soit, vous devez toujours avoir sur vous le nécessaire pour nettoyer : cette action est toujours bien vue des autres, même de ceux qui n'apprécient pas les animaux. En été, ne le promenez pas à midi, en plein soleil ; attendez plutôt les heures les plus fraîches.

Le Carlin ne craint pas beaucoup le froid ; cependant, si la température atteint 5 °C, il vaut mieux lui mettre une petite laine. À la montagne, lorsque la température descend jusqu'à –10 °C, ne le laissez pas trop longtemps dehors. D'aucuns lui font porter un imperméable ; quoi qu'il en soit, vous devrez lui essuyer les pattes une fois rentré à la maison. Le Carlin ne perd pas beaucoup son poil, mais si le phénomène se poursuit après la mue hivernale, administrez-lui un produit pour la peau et le poil. Votre vétérinaire vous indiquera le produit le plus adapté à son cas.

Lorsque vous souhaitez le féliciter pour son comportement, par exemple après un pipi sur le journal, prenez-le de temps en temps dans vos bras : prenez soin de le tenir, la main gauche sur son ventre et la main droite sur son thorax jusqu'à son cou. Les pattes arrière doivent être ramassées : attention à ses ligaments et veillez à ce que sa colonne vertébrale ne soit pas courbée.

Empêchez-le de sauter continuellement sur les lits, les divans, les fauteuils : comme tous les molosses, le Carlin est plutôt lourd sur pattes ; ses membres sont courts et donc, lorsqu'il saute, ses ligaments doivent supporter tout son poids. Le Carlin monte plus facilement un escalier qu'il ne le descend ; on recommande de le muscler en lui faisant monter quelques marches, avec la laisse. Contrairement à ce que d'aucuns pensent, le Carlin n'est pas gras ; cet animal est bien au contraire musclé : un vrai petit athlète !

Vous devez bien comprendre qu'il est difficile pour un chiot de changer de vie et de s'intégrer à sa nouvelle famille. Vous remplacerez sa mère et sa meute ; vous fixerez avec lui toutes ces références, qui lui donneront un sentiment de sécurité. En ce sens, gardez un contact avec l'éleveur : il pourra toujours vous donner de bons conseils.

Vous aurez quelques inquiétudes les premiers jours, mais vous verrez ensuite que votre petit chien est très disponible, grâce à son caractère affectueux. Ses gros yeux ne vous lâcheront pas un instant et une complicité naîtra très vite entre vous.

L'un de ses passe-temps favoris est de regarder la télévision : le soir, il sera toujours le premier à se préparer pour regarder le film en votre compagnie. Il lui arrivera même souvent de courir derrière le téléviseur pour chercher le chien ou le cheval qui a disparu de l'écran. Il apprécie également la musique : vous pouvez la laisser lorsque vous sortez, il sera très content.

Les trois premiers mois de sa vie, le Carlin vous donne la patte, d'un geste engageant ; il s'agit là d'une réaction naturelle : petit, lorsqu'il est allaité, il tient la mamelle avec sa petite patte et, de l'autre, il l'écrase pour en faire jaillir le lait.

Il tourne plusieurs fois dans sa couche, comme s'il s'agissait d'un rituel ; il s'endort en faisant de petits sursauts et en émettant de petits sons : il ronfle pas mal également ! Ne vous inquiétez pas : il se porte bien et rêve à quelque jeu.

À l'âge de trois mois, le Carlin est très vif, gai ; il court et il joue. Il alterne les moments d'activités intenses à ceux de repos.

Ne laissez jamais traîner le manteau de fourrure de vos amies près de lui, sous peine de quelques dégâts.

Ne vous inquiétez pas, tout cela reste très positif. À l'inverse, s'il se montre très calme les premiers mois de sa vie, s'il ne mange pas et boit beaucoup, vous pouvez vous inquiéter. Dans ce cas, consultez votre vétérinaire, il saura déceler ce qui ne va pas.

Il est préférable que, les premiers mois, ce soit toujours la même personne qui s'occupe du chiot. Dans beaucoup de familles, le chiot est traité comme un jouet. Par ailleurs, si, les premiers mois, vous lui faites des reproches inutiles ou le punissez injustement, il deviendra un chien difficile à éduquer, en particulier si vous le traitez durement et sans égards. Les premiers mois, ne le laissez pas trop longtemps tout seul et vérifiez que sa croissance se déroule normalement. Durant toutes mes années d'élevage, il m'est arrivé une seule fois de récupérer un chiot. J'avais appris que le chiot grognait et se montrait très nerveux ; j'avais alors demandé à sa maîtresse de me le ramener pour voir ce qui n'al-

Un chiot alterne les périodes d'activité intense... (© Labat/Cogis)

lait pas chez lui. J'ai amené la petite chienne chez le vétérinaire : elle était en bonne santé, mais elle était très secouée psychologiquement (car les chiens ont eux aussi un esprit) ; elle se montrait effrayée dès qu'elle voyait un balai ou si on levait la main. Je n'ai pas rendu la petite chienne et je l'ai réintégrée dans sa meute : elle est très douce aujourd'hui et ne m'a jamais créé le moindre problème.

... à celles de repos. (© Grossemy/Cogis)

Les signes olfactifs et le marquage du territoire

Pourquoi votre chien ne s'arrête-t-il jamais de faire pipi ? En particulier si vous possédez un mâle, vous aurez sans doute remarqué que, pendant la promenade quotidienne, en présence d'autres mâles ou de femelles en chaleur, et en particulier s'il s'agit d'un lieu inhabituel, votre petit compagnon est pressé de marquer tous les objets verticaux présents d'un jet d'urine.

De cette façon, votre chien signale sa présence aux autres et, éventuellement, qu'il ne serait pas contre le fait de s'accoupler avec toute femelle disponible.

Le message olfactif se base sur l'émission d'odeurs à travers les urines, les fèces, la salive et directement par les glandes ; pendant les périodes de chaleur, les femelles produisent ce que nous appelons des phéromones, autrement dit des sécrétions à l'odeur particulière qui indiquent, et sont perçues comme telles, une disponibilité à l'accouplement.

Les animaux dominants pratiquent plus intensément le marquage du territoire ; l'objectif est d'éloigner les dominés, en particulier ceux du même sexe. On peut atténuer ce comportement à travers la castration.

Souvent, le fait même de creuser des trous dans la terre peut constituer une façon de « marquer son territoire ».

Vivre avec le Carlin

La race des Carlin cohabite très bien avec les enfants. La plupart des spécialistes pensent que l'enfant, dès l'âge de six mois, peut « faire connaissance » avec un Carlin : à cet âge, l'enfant a besoin de côtoyer un être chaleureux, vif, doux, qui soit pour lui une présence rassurante. À deux ans, l'enfant est content d'avoir à ses côtés une « chose » qu'il sent lui appartenir et qui lui obéit, alors que lui-même est à un âge où il commence à parler. Ainsi, à six ans, l'enfant se sentira responsable de la vie de son ami ; il connaîtra tous les besoins de son chien et peu à peu se chargera lui aussi de son éducation. Le Carlin est un compagnon de jeu qui court à sa rencontre lorsqu'il revient de l'école, un être qu'il apprend à respecter. Les enfants qui

Le Carlin cohabite très bien avec les enfants.
(© Français/Cogis)

vivent en ville ont besoin de cette présence qui constitue un contact minimum avec la nature.

La compagnie d'un chien est précieuse pour les personnes âgées. Il est positif pour la personne âgée, la plupart du temps cloîtrée chez elle et menant une vie peu stimulante, de sortir promener son petit chien. Les personnes âgées sont parfois des maîtres dangereux : elles sont souvent tentées de servir à leur compagnon un menu cinq étoiles, avec de temps en temps du chocolat, des bonbons ou des quantités excessives de nourriture, ce qui est très nocif pour son estomac. L'animal risque non seulement de devenir obèse, mais également de contracter des maladies telles que le diabète, l'hyperazotémie, etc. Ce phénomène est très répandu en Angleterre parmi les Carlin adoptés par les familles à travers la Pug Dog Welfare Association ; j'en ai vu plusieurs à Londres à l'occasion d'une fête donnée par le Club : ces sujets sont les plus gros répertoriés.

Si le couple de maîtres travaille toute la journée, le Carlin laissé seul à la maison devient triste. Ce petit molosse a besoin d'affection et supporte difficilement la solitude.

Règles de savoir-vivre pour une cohabitation réussie

Les chiens sont de plus en plus nombreux et font à présent partie intégrante de la plupart des foyers : amis précieux des enfants et des personnes âgées, compagnons fidèles des célibataires, ils vont parfois jusqu'à combler le manque d'enfants pour beaucoup de couples. Quoi qu'il en soit, les chiens ont perdu depuis longtemps leurs fonctions pratiques (chasse, surveillance du bétail, etc.) pour devenir progressivement et exclusivement des objets d'affection et d'adoration de leurs maîtres, assumant ainsi un rôle très important dans les familles.

Mais aimer ses chiens, cela implique également de leur apprendre à se faire accepter et respecter des autres personnes qui, précisément, ne les aiment pas, ou du moins qui n'ont pas choisi de partager l'existence d'un animal. On estime le nombre de chiens en France à au moins neuf millions, dont cinq et demi en ville : une population canine aussi nombreuse suscite évidemment des problèmes de cohabitation, surtout en milieu urbain, qu'il s'agisse de la propreté des trottoirs ou de celle des espaces verts. Soyons clairs : ces problèmes concernent plus souvent le maître et sa propre éducation que le chien. Toute personne attentive à son animal est également soucieuse de son bonheur en société ; de ce fait, elle ne peut pas ne pas respecter quelques règles fondamentales, parfois dictées par des arrêtés préfectoraux, et qui, même si elles ne peuvent pas (et peut-être ne doivent pas) être suivies à la lettre, n'en suggèrent pas moins des lignes de conduite importantes pour une intégration réussie de l'animal.

Si vous le pouvez, chargez une amie ou un voisin de lui rendre visite dans la journée : le chien en sera heureux et sera moins anxieux en vous attendant.

Le temps passant, vous constaterez que la promenade quotidienne est une habitude importante pour le chiot ; le Carlin affrontera ce petit rituel en manifestant tout son caractère.

À l'arrivée des vacances, ne l'abandonnez pas dans la première pension trouvée dans les pages jaunes ; l'idéal est qu'il vous suive partout mais, si vous êtes obligé de le laisser, cherchez un ami qui le connaît bien et qui pourrait l'accueillir chez lui, pour éviter ainsi le drame de l'abandon. Vous verrez qu'il acceptera facilement cette situation. Personnellement, j'ai eu des Carlin qui étaient très heureux de rendre visite à mon amie Eliana ; pour eux, c'était un jeu d'aller chez elle. À l'inverse, lorsqu'elle partait, ses Carlin savaient que je viendrais les voir et acceptaient tous mes soins, y compris les médicaments contre la toux.

Si le Carlin est avec la famille pendant la journée, il n'aboie pas beaucoup et ne pose donc aucun problème aux voisins. S'il aboie beaucoup ou se montre menaçant, cela indique que quelque chose ne va pas dans sa vie et il vous faut le découvrir.

Certains sont attentifs au moindre bruit la nuit, d'autres dorment à « poings » fermés.

Certains sujets ont le sommeil lourd, mais n'ayez crainte, ils n'en sont pas malades pour autant.

D'autres encore se lèvent de leur couche, même s'ils dorment, rien que pour vous suivre dans une autre pièce : on reconnaît bien là le Carlin !

Ce chien aime beaucoup le contact physique avec l'homme : si vous lisez, il dormira volontiers sur votre pied et, si vous êtes sur votre canapé, il sera heureux de se mettre contre vous. Il a également pour habitude de se mettre sur votre épaule à la moindre occasion.

On raconte qu'un empereur chinois se tenait ainsi avec son Carlin pendant ses audiences.

Lorsque cela m'est arrivé pour la première fois, je n'ai pas compris le sens de ce geste, mais je l'ai accepté ; puis, j'ai découvert dans les peintures chinoises que le Carlin prenait cette position dès son plus jeune âge, et que parfois il s'installait même dans les manches des kimonos, comme s'il s'agissait d'un jeu. Vous verrez que l'une de ses activités favorites consiste à vous accompagner à la porte pour vous dire au revoir et de venir à votre rencontre à votre retour.

En voyage

La vie de nos jours impose de nombreux déplacements ; vous avez donc tout intérêt à apprendre rapidement à votre chiot les modalités d'un voyage. Les Carlin aiment voyager et sont d'une grande curiosité. J'ai eu deux Carlin qui n'acceptaient de voyager en voiture que s'ils étaient dans les bras de mon mari, pendant que ce dernier conduisait, et ils voulaient toujours tourner le volant avec leurs petites pattes.

Au terme de chaque voyage, il nous fallait encore faire un tour autour de la maison ou dans le garage pour les satisfaire.

Le premier jour, emportez toujours avec vous des serviettes en papier pour essuyer les éventuels vomis ou surplus de salive. Il existe dans le commerce des gouttes homéopathiques très utiles contre les vomissements ; vous devez cependant les administrer sous surveillance médicale.

Le Carlin apprendra très vite à voyager dans sa cage que vous aurez placée sur le siège arrière de votre voiture ou bien dans le coffre à bagages. Veillez à ce que l'intérieur du véhicule soit aéré : le chiot supporte difficilement le manque d'air.

En été, le chien est plus à l'aise dans une cage en métal ; s'il fait très chaud, recouvrez-la d'un tissu en lin léger et humide. Si vous avez la climatisation, maintenez-la à faible puissance pour ne pas créer un écart important entre la température interne et la température externe à la voiture ; éteignez-la peu de temps avant d'arriver.

En hiver, on utilise plutôt le vari-kennel, un modèle fermé ; vérifiez à la fermeture des portes qu'il y a assez d'air.

Si vous laissez votre véhicule en stationnement avec votre Carlin à l'intérieur, ne le laissez jamais au soleil : le coup de chaleur est fatal pour toutes les races de chien, mais plus particulièrement pour le Carlin.

Il est conseillé de se munir d'une bouteille d'eau et d'un humidificateur, comme celui utilisé pour repasser le linge. Arrosez le chien de loin, pour que l'eau arrive en pluie : par temps très chaud, le Carlin ressentira tout de suite une sensation de fraîcheur.

Si le voyage dure longtemps, faites quelques pauses pour permettre à votre chien de prendre l'air et tâchez de trouver un champ où il pourra faire pipi. Pendant le voyage, votre chien doit manger léger :

Ne laissez jamais votre Carlin dans votre voiture en plein soleil. (© Grossemy/Cogis)

un peu de poulet cuit à l'eau, un peu de mozzarella et un peu de pâtée en boîte.

Le Carlin prendra un air patient et résigné, et il attendra très dignement la fin du voyage.

Il arrive que le chien doive prendre l'avion. Si vous respectez quelques règles, vous devriez pouvoir l'emmener avec vous dans la cabine : il vous suffit de le garder sur vos jambes, dans un beau sac moelleux, au fond rigide et imperméable, comme l'exigent les compagnies aériennes. S'il y a deux chiens à bord, le règlement stipule que le chien doit voyager dans la soute ; dans ce cas, assurez-vous que votre chien voyage dans de bonnes conditions. Il existe peu de compagnies assurant ce type de prestation.

Si vous devez voyager par bateau, gardez alors le chien dans sa cage et faites-lui faire pipi sur un journal... en catimini.

En train, une fois que vous avez payé son billet, amenez votre chien, installé dans sa cage, dans le compartiment. Le billet de votre chien

En cas de grosse chaleur, n'hésitez pas à « tremper » votre Carlin !
(© Hermeline/Cogis)

vous donne également le droit de le garder dans vos bras. N'oubliez pas de lui donner à boire de temps en temps.

Il a également le droit de voyager sur vos jambes dans le bus ; c'est gratuit pour les chiens de petite taille et enfermés dans des sacs ou paniers. Le Carlin voyage facilement en toute circonstance, pourvu qu'il ait un minimum de place à sa disposition. Certains emmènent même leur Carlin en barque !

L'animal est cependant plus heureux une fois arrivé à bon port, sur la terre ferme.

Deux accessoires sont nécessaires en voyage : deux gamelles, une brosse, un rouleau de papier, une serviette, quelques médicaments et, naturellement, le carnet de santé.

Pensez que certains pays n'acceptent pas les chiens ; dans ce cas, vous aurez besoin d'une autorisation spéciale.

L'alimentation

par Giorgio Teich Alasia

Le chien : un ami de l'homme même au moment du repas

Les chasseurs carnivores ne s'intéressent pas seulement aux tissus musculaires de leurs proies mais incluent dans leur régime alimentaire un grand nombre de substances nutritives, riches en vitamines ou en glucides, contenues aussi bien dans l'estomac que dans les intestins.

Une alimentation saine et équilibrée donne un chien en forme. (© Hermeline/Cogis)

De nombreux sels minéraux sont absorbés à travers le sang, les os et les organes internes, qui ont eux aussi une grande valeur nutritive. Les ancêtres du chien avaient donc un régime plutôt varié. Il faut toutefois noter que les chiens à l'état sauvage s'alimentaient souvent parce qu'ils étaient poussés par une pulsion les conduisant à associer la sensation de la faim à l'activité de chasse ou à la dispute des proies avec leurs congénères. Dans certains cas, en effet, les chiens sauvages, lorsqu'ils n'avaient pas la possibilité de chasser, pouvaient se montrer assez nonchalants à l'égard de la nourriture et il est tout à fait probable que l'adaptabilité alimentaire ait représenté un facteur de sélection important au cours des premières périodes de domestication. Peu à peu, le chien est ainsi devenu, de fait, omnivore. Et pourtant, malgré sa longue cohabitation avec l'homme, on n'a pas constaté de réelles modifications fonctionnelles dans les différents organes liés à la nutrition.

L'appareil digestif du chien

Depuis le temps où ses lointains ancêtres chassaient dans les forêts, les habitudes alimentaires du chien ont considérablement changé. Plus de dix mille années vécues au contact de l'homme ont largement enrichi la gamme des aliments auxquels le chien s'intéresse. Cependant, malgré les innombrables effets de la domestication, y compris sur le plan morphologique, on n'a pas constaté jusqu'à présent de réelle modification de l'appareil digestif, qui est aujourd'hui encore assez semblable à celui des premiers carnivores et, par de nombreux aspects, très différents de celui de l'espèce humaine. Contrairement à l'homme, le chien ne possède pas ces enzymes contenues dans la salive, qui permettent de mettre en œuvre, dès la mastication, le processus de prédigestion des acides aminés, d'importants glucides; ces éléments ne peuvent donc être digérés par le chien que si les aliments sont cuits.

De plus, la structure de l'appareil intestinal (à l'intérieur duquel se déroule le processus délicat de décomposition réduisant les glucides, protéines, et gras en substance dont la masse moléculaire est faible) est radicalement différente de celle de l'homme : sa capacité de digestion bactérienne est plus faible; or elle est essentielle pour l'utilisation des différentes substances contenues dans les légumes. Pour le chien, de nombreux aliments d'origine végétale permettent de stimuler le péris-

Ne cédez pas au chien qui mendie de la nourriture ! (© Grossemy/Cogis)

taltisme intestinal mais, à la différence de l'homme, leur valeur nutritionnelle est extrêmement faible. L'intestin du chien est de plus assez court et le transit intestinal est rapide. Lorsque le système enzymatique (comme celui de la bouche) ne permet pas de séparer facilement les acides aminés, la digestion de céréales non cuites devient alors plus délicate.

En revanche, le système enzymatique du chien se montre très efficace dans la digestion des protéines, notamment grâce à un suc gastrique très riche en pepsines.

Il ne faut donc pas oublier que le chien domestique, après des millénaires, reste un carnivore. S'il peut apprécier toutes sortes d'aliments, son régime alimentaire doit avant tout lui assurer un indispensable apport en protéines.

Les principes nutritifs

• **Les glucides ou hydrates de carbone** : constitués de chaînes complexes de sucre, ils ont une fonction énergétique lorsque, après avoir été séparés en composés plus simples, ils sont absorbés par les villosités intestinales. Les glucides sont présents dans différents aliments, le plus important d'entre eux étant l'amidon que l'on trouve essentiellement dans les céréales telles que le blé, le maïs et le riz. La digestibilité des glucides dépend avant tout de la cuisson qui permet de décomposer l'amidon en dextrines, maltodextrines et sucres.

• **Les gras ou lipides** : en tant que constituants des cellules, ils forment une réserve énergétique, s'ils sont présents dans les gras déposés. Certains composants lipidiques ont aussi une fonction de biorégulation et véhiculent les vitamines que l'on appelle liposolubles. Leur présence est donc indispensable dans l'alimentation du chien. Les lipides peuvent avoir une origine animale ou végétale et sont présents en proportions variées dans une large gamme d'aliments dont le lard cru, particulièrement digestible et très apprécié du chien.

• **Les protéines** : ces éléments servent à la formation de nouvelles cellules et favorisent la croissance, le bon fonctionnement ou la réparation de tous les organismes vivants. Elles sont constituées de chaînes complexes de vingt et un composants, relativement simples, appelés acides aminés. La valeur biologique de chaque protéine est déterminée par sa composition en acides aminés essentiels.

Elles peuvent avoir une origine animale ou végétale et, en règle générale, leur digestion est assez longue et complexe. Comme l'organisme ne peut stocker les acides aminés, l'absorption de protéines doit être quotidienne.

• **Les vitamines** : substances généralement produites par des organismes végétaux, elles se trouvent également dans certains aliments d'origine animale. Certaines d'entre elles, hydrosolubles, sont transportées par l'eau. D'autres, liposolubles, utilisent les gras. Bien qu'elles agissent en petites quantités, elles interviennent dans de nombreux processus organiques essentiels. Un apport déséquilibré en vitamines peut provoquer de graves problèmes.

• **Les sels minéraux** : constituants essentiels de l'organisme, ils participent à des processus biochimiques de diverses natures. Les plus importants d'entre eux sont le calcium et le phosphore, composants essentiels des os et de nombreux composés organiques.

Une bonne alimentation rend les chiens pleins d'énergie et de vitalité. (© Hermeline/Cogis)

L'alimentation du chien : conseils pratiques

Comme nous l'avons évoqué, les différences entre l'appareil digestif du chien et celui de l'homme sont nombreuses et importantes : il est donc préférable de nourrir son chien avec des aliments adaptés à son organisme plutôt que de lui proposer les plats présentés sur nos tables. Les exigences de l'animal sont finalement assez faciles à satisfaire si l'on veille à lui donner des aliments qui lui fournissent de façon équilibrée les éléments nutritionnels dont l'animal a besoin. Parmi ces aliments, on trouve d'abord la viande, qui peut être de bœuf ou de poulet et qui peut être proposée crue ou cuite. Quant aux quantités, elles peuvent varier selon l'âge de l'animal et son activité physique. C'est la principale source de protéines, qui peuvent toutefois être administrées à travers le poisson, les œufs et, s'il est bien toléré, le lait. Ce dernier peut même être donné en

Les chiots doivent manger en plusieurs fois. (© Grossemy/Cogis)

quantité importante, à condition de ne pas oublier que certains sujets adultes, du fait du manque de lactase, le digèrent mal. La viande apporte l'essentiel des protéines indispensables au chien, mais le besoin énergétique qui, à l'état sauvage, est compensé en bonne partie par les graisses animales contenues dans les proies capturées, est en général assouvi par les glucides d'origine végétale. Celles-ci sont particulièrement abondantes dans un grand nombre de céréales et peuvent également se présenter sous des formes variées. Le pain sec, les pâtes, ou le riz (bien cuits) constituent d'excellentes sources pour un bon apport glucidique, mais le meilleur taux de digestibilité se trouve dans les flocons de céréales cuits de façon à rendre les acides aminés utilisables. Les céréales sont généralement présentées sous formes de flocons ou de brisures. Elles entrent aussi souvent dans la composition de mélanges d'origine végétale permettant de fournir la « fibre brute », d'une faible valeur énergétique, mais bonne régulatrice du transit intestinal.

À côté de ces produits à base de mélange d'aliments d'origine végétale, de nombreux fabricants proposent des repas complets, composés d'une variété d'aliments permettant de satisfaire l'ensemble des besoins nutritionnels du chien. Leur qualité, et naturellement leur prix, peut varier selon le type d'ingrédients utilisés. Reste que, ces dernières années, les plus importantes sociétés ont investi beaucoup d'argent dans les secteurs de l'alimentation, et leurs produits sont aujourd'hui parfaitement fiables. Elles proposent aussi souvent des lignes de produits alimentaires spécialisés, permettant de satisfaire les exigences du chien en fonction de sa taille, de son mode de vie et, souvent, de ses goûts.

L'alimentation du chiot

La première forme de relation instinctive entre le chiot et son environnement est la recherche de nourriture : quelques instants à peine après la naissance une pulsion naturelle pousse le chiot vers la mamelle de la mère. Cette dernière représentera pour lui la source essentielle de nourriture pendant une période relativement longue (environ vingt jours). Débutera ensuite la phase délicate du sevrage. À l'état sauvage, la mère offre alors à ses petits de la nourriture à moitié digérée, en rejetant le contenu de son propre estomac.

Chienne allaitant ses petits (© Grossemy/Cogis)

Chez les chiots domestiqués, le passage du lait maternel à la gamelle doit se dérouler progressivement : les tétées doivent d'abord alterner avec de petites bouchées composées de viande finement hachée, de lait et de jaune d'œuf. Dans les premiers temps, la nourriture doit être administrée en toutes petites doses (comme des échantillons) et ce n'est qu'au trentième jour environ que l'on pourra proposer aux chiots de véritables repas, composés des mêmes aliments qui seront peu à peu enrichis de riz, de pâtes ou de flocons de céréales. À quarante jours, les repas comprenant déjà une bonne dose de glucides doivent être relativement fréquents (trois par jour) et ce n'est qu'à l'âge de deux mois que l'on pourra passer à deux repas quotidiens. Ce rythme pourra être adopté pendant toute la phase de croissance intensive de l'animal, jusqu'au huitième mois. Au cours de cette période, les besoins en pro-

L'alimentation du chiot doit lui assurer une bonne croissance. (© Grossemy/Cogis)

téines sont très importants et il faut veiller, non seulement aux quantités d'aliments protéiques, qui ne doivent pas être excessives, mais aussi à leur qualité. De nombreux éleveurs considèrent que, dans le domaine nutritionnel, on peut obtenir d'excellents résultats chez les chiots en leur proposant, dès l'âge de cinq mois, un régime alimentaire comprenant une large gamme d'aliments protéiques frais. Au-delà de leur haute valeur nutritionnelle, ils sont aussi très digestes et appétissants.

Santé et hygiène

Par M. Salmoiraghi

Ce chapitre ne veut et ne peut remplacer votre vétérinaire de confiance. Il peut toutefois être important d'avoir une vue générale des maladies qui touchent notre ami aussi bien pour ne pas sous-estimer certains symptômes que pour prévenir autant que possible certaines maladies.

Ces indications s'adressent avant tout à ceux qui, pour la première fois, accueillent un petit chiot. Le néo-propriétaire inexpérimenté et désorienté par toutes les responsabilités que représentent l'élevage d'un chien est trop souvent la cible des classiques lieux communs qui affirment que « les chiens savent se soigner tout seuls » ou des

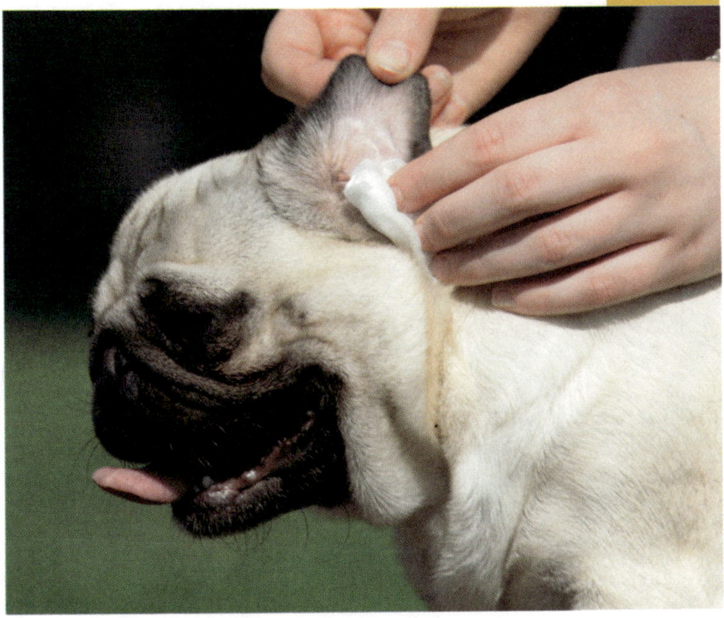

Pensez à surveiller les oreilles de votre Carlin. (© Hermeline/Cogis)

conseils thérapeutiques du voisin ou d'une vague connaissance qui sait toujours tout.

Aujourd'hui la médecine vétérinaire a fait des pas de géant aussi bien du point de vue du diagnostic que de la thérapie ou de la prévention. Même si elle n'a pas des moyens aussi pointus que la médecine humaine, elle permet d'offrir à nos amis des soins encore impensables il y a quelques années.

Dans ce cadre, je me limiterai, pour des besoins de synthèse, à n'évoquer que les maladies les plus graves et les plus répandues dans notre pays. J'évoquerai ensuite quelques situations d'urgence et enfin donnerai quelques conseils sur la façon de s'occuper d'un animal malade ou blessé.

Apprendre à déceler les symptômes

Il faut avant tout apprendre à observer son chien de façon à pouvoir immédiatement remarquer toute attitude ou tout comportement anormal et être capable de le décrire au vétérinaire (trop de personnes pensent que celui-ci est devin). C'est naturellement beaucoup plus facile lorsque les chiens vivent avec leur maître (dans la maison ou en contact étroit avec lui), lesquels ont d'ailleurs, indépendamment de la race, une vie plus longue et une vieillesse plus sereine.

Dès le plus jeune âge, le chien peut être frappé de maladies extrêmement graves, souvent mortelles, d'origine infectieuse et surtout virales, contre lesquelles il existe des vaccins préventifs.

Il est recommandé de ne ramener le chiot à la maison que lorsqu'il aura reçu tous les vaccins. Des « rappels » seront effectués plus tard ; il s'agit de nouvelles injections du vaccin destinées à stimuler complètement le système immunitaire de l'animal.

Principales maladies infectieuses

• Parvovirose

Ce n'est pas le seul type de gastroentérite virale (aujourd'hui on parle aussi de *Coronavirus* pour lequel des vaccins adaptés sont mis au point) mais c'est sans aucun doute la plus grave, surtout pour les jeunes sujets.

La vaccination du chiot est la meilleure prévention contre les maladies infectieuses. (© Grossemy/Cogis

Elle se manifeste par des vomissements et des diarrhées sanglantes, incontrôlables et très affaiblissantes, qui provoquent la mort en l'espace de un à trois jours. Chez certains sujets, elle touche les tissus du myocarde, causant de graves lésions et provoquant la mort par crise cardiaque.

Bien qu'aujourd'hui elle ne soit plus aussi redoutable puisque les animaux sont vaccinés, cette maladie est toujours à l'affût et se déclare fréquemment chez les chiots importés de l'étranger (surtout d'Europe de l'est) et dans certaines zones rurales où les plans de vaccination ne sont pas correctement appliqués.

• **Maladie de Carré**

C'est une maladie virale qui peut toucher les animaux à tout âge, mais principalement les chiots : elle se manifeste par des symptômes respiratoires, des écoulements nasaux muco-purulents, des conjonctivites, une température d'abord peu élevée (39-39,5°) qui augmente dans une deuxième phase où apparaissent des complications pulmonaires. Elle peut aussi parfois évoluer avec des symptômes entériques. Si l'animal surmonte la première phase, qui peut durer jusqu'à huit à dix jours, débute alors la phase « nerveuse » : les cellules du système nerveux central sont touchées, provoquant des dommages irréversibles, qui peuvent aller de la paralysie des membres à de simples tremblements ou tics.

• **Hépatite virale**

Également appelée maladie de Rubarth, elle peut toucher des animaux de tout âge. Elle est transmise par contact direct, généralement par voie orale. Le virus est éliminé par les urines et la salive. L'incubation dure de trois à neuf jours et les symptômes peuvent sembler négligeables : léger état fébrile, anorexie temporaire et congestion des muqueuses pendant un ou deux jours dans les cas les plus légers. Dans les cas les plus graves, le chien souffre de douleurs abdominales, d'œdèmes sous-cutanés sur la tête ou le poitrail, de pétéchies et ecchymoses sur la peau de l'abdomen. La maladie peut durer une semaine et les statistiques parlent de 10% de mortalité, les formes les plus légères étant les plus courantes.

Le chien qui surmonte la maladie reste malgré tout un « réservoir » de virus, ces derniers pouvant être encore expulsés pendant une année.

• **Leptospirose**

C'est une maladie bactérienne transmissible à l'homme (zoonose).

La contagion s'effectue par le contact avec les excrétions de l'animal infecté (salive et urine) et le virus peut mettre des années à être éliminé. Le rat est l'un des plus importants diffuseurs car cette espèce est touchée par la forme la plus légère de cette maladie.

Chez le chien la maladie se manifeste sous des formes plus graves : déshydratation, anorexie, douleurs à l'abdomen et souvent aussi au train arrière, sont les premiers symptômes. Par la suite apparaissent des vomissements contenant même de la bile, de fortes inflammations et des ulcères de la muqueuse orale. L'entérite est très grave et provoque des pertes de sang et de mucus. Dès le début la température est très élevée, alors que, dans les phases terminales, les dommages hépatiques et rénaux provoquent une forte hausse de l'uricémie.

Dans les cas, très rares, où le chien surmonte la phase aiguë, perdure toutefois une néphrite chronique.

• Rage

C'est une maladie virale extrêmement grave, mortelle, qui touche tous les animaux à sang chaud, y compris l'homme.

La transmission s'effectue par la morsure d'un animal déjà infecté.

Le virus est répandu dans le monde entier. La période d'incubation varie entre dix jours et un an mais, en général, elle ne dure pas plus de 15 à 25 jours.

Les premiers symptômes sont difficiles à interpréter et sont avant tout des modifications du comportement. Par la suite apparaît la paralysie des muscles de la tête. Le chien garde la bouche ouverte, la mâchoire pendante, il ne parvient pas à boire ou à manger et bave. Il aboie et hulule avec insistance d'une voix rauque.

Il existe une rage « muette » (ou « paralytique ») avec des passages dépressifs alternant avec des moments de grande agitation, et une rage « furieuse » caractérisée par un comportement agressif à l'égard de tout ce qui entoure le sujet infecté.

Aux phases terminales de la maladie se développe une paralysie générale. La mort intervient huit à dix jours après l'apparition des premiers symptômes.

Le virus, localisé dans les cellules du système nerveux et dans les glandes salivaires, est éliminé, dès les tout premiers jours de l'infection, par la salive.

• Toux de chenil ou trachéobronchite infectieuse

C'est une maladie causée par plusieurs agents pathogènes, dont les plus importants sont une bactérie (*Bordetella bronchisptica*) et un adénovirus, ou virus parainfluenza canin, contre lequel un vaccin est commercialisé depuis quelques années.

La maladie en elle-même n'est pas très grave mais elle se diffuse assez facilement dans les lieux à forte concentration de chiens comme les chenils ou les élevages.

L'épisode peut même durer jusqu'à vingt jours et les symptômes apparaissent sous forme d'une toux sèche et irritée sans hausse de la température corporelle. Ce n'est que dans les conditions de stress ou lorsque l'animal est affaibli ou âgé que les infections secondaires peuvent compliquer sérieusement cette maladie.

• Maladie de Aujesky ou pseudo-rage

Il s'agit d'une maladie virale heureusement très rare mais irrémédiablement mortelle et répandue dans une grande partie du monde. Elle touche de nombreux mammifères, à l'exception de l'homme, et elle est présente de façon invisible dans la viande de porc. L'absorption de viande de porc crue ou mal cuite par les carnivores présente donc un risque important de contagion. Le virus se localise dans les cellules nerveuses et les symptômes sont des prurits intenses avec lésions de grattage qui peuvent être accompagnés de convulsions, de mouvements désordonnés, de coma. La mort survient entre vingt-quatre et soixante-douze heures après les premiers symptômes.

Principales maladies parasitaires

Parmi les maladies parasitaires systémiques qui touchent le chien, trois sont particulièrement présentes dans notre zone géographique : la piroplasmose, la filariose et la leishmaniose.

• Piroplasmose

Elle est provoquée par des protozoaires (babesia) transmis par les tiques. Les symptômes sont une forte augmentation de la température, surtout aux premières heures de l'infection, de l'anémie, des ictères. Dans les formes aiguës, les urines prennent une couleur très sombre caractéristique (on parle de couleur café au lait) causée par l'hémoglobinurie suite aux graves lésions des globules rouges, elles-mêmes provoquées par la multiplication des protozoaires à l'intérieur de ces mêmes globules.

Cette maladie, si elle n'est pas diagnostiquée et soignée à temps, peut provoquer la mort de l'animal.

Comme nous l'avons vu, elle est provoquée par une tique, pendant son repas. Il est toutefois intéressant de noter que l'inoculation du parasite n'intervient pas au moment de la morsure mais après quarante-huit heures environ. Il est donc conseillé de retirer rapidement toutes les tiques du corps du chien.

- **Filariose**

Cette maladie parasitaire est transmise par les moustiques.

Les agents pathogènes les plus fréquents dans nos contrées sont au nombre de deux. La maladie se manifeste sous des formes différentes selon l'agent pathogène déclencheur :

– *Filaria repens* : elle est localisée dans les tissus sous-cutanés et provoque des dermites et des nodules réfractires aux thérapies habituelles ;

– *Dirofilaria immitis* : dans la forme adulte, c'est un ver long d'une trentaine de centimètres qui vit dans les artères pulmonaires et dans le ventricule droit du cœur de l'animal atteint. Dans ce cas, l'infection est très grave car, dans les premiers temps, elle ne se voit pas. Lorsque les symptômes au niveau cardiaque deviennent évidents, le cœur, les poumons et le foie ont déjà subi de graves lésions.

Les simples traitements anti-moustiques se sont révélés inefficaces en termes de prévention. Même le poil long et fourni de certains chiens ne constitue pas une barrière suffisante contre la morsure des insectes, notamment parce que certaines parties du corps comme les pavillons auriculaires, le museau ou l'abdomen ne sont pas protégés.

Aujourd'hui, il est possible d'obtenir facilement un diagnostic précoce en faisant pratiquer un examen de sang qui identifiera les formes larvaires présentes dans le flux circulatoire. On a également mis au point une thérapie préventive très simple que je qualifierais d'obligatoire, surtout dans les zones à risque.

- **Leishmaniose**

Cette maladie protozoaire est transportée par des insectes hématophages aux habitudes nocturnes.

On en connaît une forme cutanée, avec ulcères et lésions erythématoses réfractaires aux thérapies classiques, et une forme viscérale, qui se transforme généralement en maladie chronique, avec amaigrissement, anémie, faiblesse générale. Les desquamations cutanées et les lésions erythématoses sont également fréquentes. L'incubation est très longue et peut durer jusqu'à neuf mois.

Les traitements ne sont pas très efficaces et l'on ne connait pas encore de bons moyens de prévention. Certains auteurs conseillent de garder les chiens, la nuit, dans des pièces fermées pour éviter l'agression des insectes.

Veillez également à la propreté de ses yeux pour éviter tout problème. (© Grossemy/Cogis)

Parasites intestinaux

Dans l'étude des maladies qui touchent les chiens, on ne peut ignorer les parasites intestinaux auxquels la médecine vétérinaire consacre de nombreuses études.

Toutes les parasitoses décrites ici, indépendamment des cycles vitaux et des modes d'infection, provoquent sans aucun doute d'importants dommages chez les chiots et chez les sujets en pleine croissance. Par ailleurs, les conséquences qu'elles entraînent chez les chiens adultes ne sont pas à négliger car, si la plupart des parasitoses sont asymptomatiques, elles peuvent être la cause de graves maladies lorsque les infections sont nombreuses et/ou massives, qu'elles s'ajoutent à d'autres maladies ou dans des situations de stress particulier.

• Coccidés

Ce sont des organismes unicellulaires, appréciant particulièrement les endroits surpeuplés où les conditions d'hygiène sont mauvaises. Ils provoquent de très graves diarrhées, pouvant être mortelles, surtout chez les chiots.

• Ascaris

Ces gros vers ronds (en forme de spaghettis) sont très fréquents chez les jeunes chiots qui les contractent lors d'infections prénatales ; ils provoquent de graves entérites, des problèmes de croissance du fait d'un affaiblissement organique, des complications d'autres maladies. Il existe aujourd'hui dans le commerce des vermifuges qui permettent de traiter les chiots âgés de dix à quinze jours.

• Ankylostome

Ce sont de tout petits vers ronds munis de dents avec lesquelles ils attaquent la muqueuse intestinale de l'hôte, provoquant d'importants dommages avec de fortes diarrhées, parfois hémorragiques.

• Trichocéphales

Presque asymptomatiques dans les infestations légères, ils peuvent provoquer des retards de croissance, des pertes de poids, des douleurs abdominales, de forts eczémas, des anémies.

• Ténia

Les symptômes, quand ils apparaissent (souvent, en effet, leur présence reste invisible) sont plutôt vagues (douleurs abdominales sporadiques, vomissements occasionnels). Le diagnostic est plus facile à certains stades de l'évolution du parasite lorsque l'on peut voir, même à l'œil nu, des proglottis dans les selles.

Accidents

Il est important de connaître les différents accidents dont le chien peut être victime et qui risquent même de mettre sa vie en danger.

• Empoisonnements

Ils sont plus fréquents chez les chiots et les jeunes chiens, inconscients et curieux. Il est toutefois recommandé de ne jamais laisser à portée du chien des substances toxiques ou nocives (antiparasitaires, produits désinfectants, médicaments, etc.) et de faire très attention quand on doit pratiquer une dératisation ou une désinfection de l'environnement : le chien ramasse avec ses poils n'importe quelle substance qu'il avale par la suite lorsqu'il se nettoie ! Certaines plantes ornementales ou d'appartement peuvent également être toxiques. Si l'on a le moindre doute que le chien ait avalé une substance toxique, mieux vaut consulter immédiatement un vétérinaire. Si on en a la certitude, il faut en urgence essayer de faire vomir le chien en lui faisant ingurgiter un verre d'eau salée.

• Piqûres d'insectes

Généralement, elles se concentrent autour de la tête.

Les chiens se montrent parfois assez inconscients et curieux à l'égard des insectes ; les chiots, surtout, ont tendance à les considérer comme un jeu passionnant.

Le museau est la première zone à être piquée : d'importants gonflements peuvent se développer allant jusqu'à défigurer le chien et surtout alarmer le maître. Les piqûres vraiment dangereuses sont celles situées autour de la gueule et de la truffe, ainsi que les piqûres multiples pour les réactions allergiques. Il peut arriver qu'une nuée d'insectes dérangés attaque un chien et se retrouvent coincés dans le pelage, devenant ainsi encore plus furieux. Dans tous les cas, il est conseillé de consulter un vétérinaire.

• Morsures de vipères

Là encore, il est conseillé de faire appel à un vétérinaire. Le chien, malgré tout, est moins sensible que l'homme au venin de la vipère, surtout s'il est en bonne santé. Il est toutefois préférable de lui injecter le sérum anti-venin et d'appliquer les traitements anti-chocs adaptés.

• Coups de chaleur

Il s'agit de défaillances du système de thermorégulation corporelle qui se manifestent quand la température est très élevée, avec un fort taux d'humidité et une mauvaise aération.

Le chien ne transpire pas et il élimine l'excès de chaleur à travers l'appareil respiratoire, par hyperventilation.

Il faut donc être très vigilant lorsqu'on laisse le chien dans la voiture pendant les saisons chaudes ou même aux premiers soleils du printemps : le peu d'air circulant dans l'habitacle se réchauffe rapidement et la respiration accélérée fait vite augmenter le taux d'humidité de l'air. Quelques minutes seulement peuvent être fatales !

Dans l'hypothèse malheureuse où cela arriverait, il faut avant tout chercher à abaisser le plus rapidement possible la température du corps en mouillant le chien. Si c'est possible, il faut immerger le chien dans une bassine et de se précipiter chez le vétérinaire pour les traitements anti-chocs adaptés.

Avoir des chiens impliquent un minimum de connaissances en cas de soins urgents à appliquer. (© Simon/Cogis)

Comment soigner son chien ?

Tout bon propriétaire doit être capable non seulement d'administrer certains médicaments à son chien mais aussi d'appliquer des traitements de base.

En ce qui concerne les médicaments par voie orale (capsules, comprimés, sirops, suspensions, etc.), il n'est pas toujours possible d'utiliser la bouchée appétissante qui servira « d'appât ». Il faut donc apprendre à ouvrir la gueule du chien et déposer le médicament dans le fond, idéalement au début de la langue ; il faut tenir la gueule serrée quelques instants avec le museau légèrement incliné vers le haut afin que le chien ne déglutisse pas.

Pour les médicaments liquides, on peut utiliser une seringue sans aiguille à insérer dans l'angle labial, entre les babines et les dents, en tenant toujours le museau vers le haut et en faisant lentement couler le liquide. Il est préférable d'attendre la déglutition avant de relâcher le museau pour empêcher le chien de recracher le médicament.

Faire des piqûres à un chien est souvent plus traumatisant pour le maître que pour l'animal. Aujourd'hui, les médicaments irritants et douloureux ont pratiquement disparu et les aiguilles des seringues à usage unique sont indolores et non traumatisantes. N'oublions pas que suivre chez soi, chaque jour, la thérapie conseillée par le vétérinaire peut éviter un grand nombre de situations désagréables.

Pour les injections sous-cutanées, il faut soulever la peau du dos, ou mieux, du garrot, en la pliant, la désinfecter, puis introduire l'aiguille d'un geste ferme, de façon presque perpendiculaire à la peau, et enfin injecter le produit en appuyant sur la seringue. Souvent il arrive, lors des premières tentatives, de piquer deux fois la peau, en faisant ressortir l'aiguille de l'autre côté : ce n'est pas dramatique et, je le répète, c'est certainement plus « douloureux » pour le maître que pour le chien qui probablement ne s'en aperçoit même pas ! Dans cette situation, il faut revenir légèrement en arrière avec la seringue et injecter.

À moins que le produit ne soit particulièrement huileux ou très dense, lorsqu'il a du mal à couler, c'est que la position de l'aiguille n'est pas bonne, c'est-à-dire qu'elle ne se trouve pas au niveau sous-cutané, même si elle est intradermique. L'injection, dans ce cas, pourrait gêner le chien et provoquer des petits nodules réactifs. Il suffit de bouger légèrement la seringue en avant ou en arrière, jusqu'à sentir le piston plus « mou ».

L'injection par voie intramusculaire, pratiquement analogue à celle effectuée chez l'homme, est réservée aux experts et exige une bonne connaissance des zones du corps les plus adaptées : en cas de besoin, le vétérinaire pourra vous donner les indications nécessaires.

Il appartient également au vétérinaire de pratiquer les traitements endoveineux.

Les **préparations pour le traitement des otites** sont liquides, huileuses et, plus rarement, crémeuses. La méthode d'application est la même pour tous : il s'agit, en tenant fermement la tête du chien, d'instiller le produit à l'entrée du canal auriculaire, puis de bien masser la base du pavillon pour favoriser la diffusion homogène.

Les **préparations pour les traitements ophtalmiques** peuvent être liquides ou crémeuses.

Les collyres sont appliqués directement sur la cornée. Pour faciliter l'opération, on soulève légèrement la paupière supérieure.

Pour l'application de pommades ophtalmiques, on abaisse légèrement la paupière inférieure et on pose le produit sur la conjonctive, pour bien le mettre en évidence. En se refermant, la paupière permet alors la diffusion homogène du produit.

Toilettage et expositions

La robe du Carlin est courte et soyeuse. Il existe différentes méthodes pour garder cette qualité, mais une bonne alimentation et une bonne hygiène de la peau et du poil sont les principes de base. Lorsque le chiot est âgé de quelques semaines, il suffit de le brosser à l'aide d'une brosse très souple et de le laver avec des lingettes imprégnées d'essences végétales, comme celles utilisées pour les bébés.

Le premier bain se donne généralement vers l'âge de quatre mois. Vérifiez auparavant que la peau ne souffre d'aucune affection connue à cet âge-là : dermatite, croûtes de différentes natures, absence de poil à certains endroits. Dans le cas contraire, votre vétérinaire vous donnera le traitement à suivre.

Observez attentivement si votre chiot est en bonne santé ; dans le cas contraire, il vous faudra retarder le moment du bain. Avant de commencer, mettez du coton dans les oreilles du chiot ; vous devrez veiller à ce que la mousse n'entre pas dans sa bouche ni dans ses yeux.

Les premières fois, essayez de distraire le chiot, pour que le bain devienne un jeu.

Utilisez un shampoing de bonne qualité, qui respecte le pH de sa peau et toutes les substances qui nourrissent son poil. Il existe également des shampoings antiparasitaires : utilisez-les exclusivement en cas de besoin. Une fois le bain terminé et les parasites éliminés, le chien souffrira à nouveau des mêmes problèmes si vous ne changez pas l'environnement dans lequel il vit ; il faut traiter la source du problème pour éviter de voir se reproduire les mêmes effets.

Avec le chiot, il est dangereux de ne pas utiliser un produit non recommandé par le vétérinaire, tout comme il est dangereux de lui mettre un collier antiparasitaire. Après le bain, vous devrez lui installer

Faites en sorte que le bain soit un jeu. (© Grossemy/Cogis)

une couche propre et nettoyer le carrelage avec des produits antiparasitaires adaptés et non toxiques.

Pour les Carlin adultes, les magasins spécialisés proposent de très bons shampoings adaptés à chaque couleur de poil. Mais c'est un peu excessif pour cette race !

Le bain doit se dérouler assez rapidement, en appliquant deux fois du shampoing : beaucoup de mousse au premier et moins de mousse au second.

L'important est de rincer soigneusement le poil, pour retirer complètement la mousse. Après avoir essuyé correctement et rapidement l'animal à l'aide d'une serviette moelleuse, essayez d'aplatir le poil là où il le faut et gonflez avec les doigts les zones qui nécessitent plus de rondeur. Passez les mains dans le sens inverse du poil, pour qu'il conserve un aspect aussi naturel que possible.

Le séchage doit être rapide ; ne laissez pas le sèche-cheveux trop longtemps au même endroit. Personnellement, je préfère donner le bain

Séchez-lui bien les oreilles après le bain. (© Grossemy/Cogis)

le soir, pour que le chien ne prenne pas froid (en hiver), en restant à la maison.

Une fois l'animal sec, une bonne brosse ôtera le poil mort, tout en donnant du gonflant et de la brillance à la robe. Un chiffon en peau de chamois donne de la brillance, ce qui est indispensable pour les Carlin noirs.

L'huile de vison est très utile pour entretenir le poil et on la trouve facilement dans le commerce : quelques gouttes suffisent pour donner aussitôt un bel aspect à la robe.

En ville, avec la pollution qui la caractérise, les chiens ne restent pas propres longtemps ; en hiver surtout, le pelage affiche une couleur terne, qui part avec l'eau du bain. De même, si le Carlin noir n'a pas

Il est important de brosser régulièrement votre chien. (© Grossemy/Cogis)

une couleur très prononcée, il prend vite au soleil des reflets roux qui ne sont pas très beaux à voir. Le moment du bain et du toilettage dépend de plusieurs paramètres, à savoir le mode de vie du chien et son environnement. En fonction de ces considérations, vous pourrez prendre les mesures nécessaires.

Évitez les produits soi-disant prévus pour nettoyer à sec : ils peuvent abîmer non seulement le poil de l'animal mais aussi sa peau, en provoquant des irritations des glandes sébacées.

Pendant le toilettage, vérifiez l'état des oreilles : nettoyez-les à l'aide d'un produit spécial avant de mettre du coton pour éviter que l'eau du bain ne pénètre dans le conduit auriculaire.

Profitez-en pour vérifier l'état des ongles. Normalement, si les Carlin ont une activité régulière, ils usent leurs griffes, rendant ainsi inutile l'utilisation du coupe-ongles. Leurs griffes sont très dures à couper ; c'est pourquoi on vous conseille de confier cette intervention à un vétérinaire, tout comme le nettoyage et le suivi des oreilles. Certains chiens produisent plus de cérumen que d'autres : ils nécessitent donc un entretien particulier pour corriger cet excès de sécrétion.

Le nettoyage des yeux se fait normalement à l'aide d'un bon produit recommandé par le vétérinaire. L'eau de bleuet est excellente pour les yeux : elle se prépare comme le thé et, lorsque l'infusion est froide, vous imprégnez une gaze et vous nettoyez les yeux en tamponnant la compresse, sans frotter la cornée.

Cette race a des yeux magnifiques, mais fragiles ; c'est pourquoi on recommande l'administration de vitamine A.

Nettoyez également le pli sur la lèvre : il suffit de le frotter à l'aide d'une serviette après chaque repas. Si ce pli dégage une odeur nauséabonde et s'il est humide à l'intérieur, vous pouvez recourir à des médicaments spécifiques.

L'autre intervention, peu appréciée du chiot, est le nettoyage des dents. Pour l'habituer, enveloppez une gaze autour de votre doigt, puis passez peu à peu à la brosse et au dentifrice. Renouvelez cette opération trois fois par semaine. Pour un nettoyage en profondeur, consultez un vétérinaire qui aura recours à un appareil à ultrasons.

Après tous ces conseils, il ressort que quelques produits sont indispensables et que vous devez toujours les avoir en réserve : le shampoing, une brosse dure et une brosse souple, un peigne en métal, de l'huile de vison, etc.

Les expositions cynophiles

Les expositions organisées sous l'égide de la SCC servent à faire estimer par les juges qualifiés SCC les qualités des chiens présentés. Il existe plusieurs sortes d'exposition.

- Les expositions ouvertes à toutes les races :

– **les expositions nationales** avec attribution du CACS (Certificat d'Aptitude de conformité au Standard) organisées par les SCC régionales ;

– **les expositions internationales** avec attribution du CACS et du CACIB (Certificat d'aptitude au championnat international de beauté) organisées par les SCC régionales ;

– **les spéciales de race**, organisées par le club lors d'une exposition nationale ou internationale ;

– **les expositions de championnat de France,** avec attribution du CACS et du CACIB, organisées annuellement par la SCC ;

– **les présentations canines et les séances de confirmation**, sans attribution de qualificatif, organisées par les SCC régionales.

- Les expositions réservées à une seule race :

– **les Nationales d'élevage**, avec attribution du CACS ; réunions annuelles organisées par les clubs de race ;

– **les Régionales d'élevage**, sans attribution du CACS, organisées par les clubs de race.

Les sujets sont jugés par race, puis chaque race est elle-même subdivisée par sexe et par classe. Les classes tiennent compte de l'âge du sujet et des titres obtenus auparavant. Le mécanisme et la répartition des sujets par classes sont les mêmes dans chaque type d'exposition ; seuls les titres changent.

N'hésitez pas à faire participer votre Carlin à des expositions s'il a les qualités requises. (© Simon/Cogis)

Pour participer à l'exposition, le chien doit être inscrit dans l'une des classes suivantes :

– **Champion** : réservée uniquement aux Champions Nationaux des pays membres de la Fédération Cynologique Internationale (FCI) et Champions Internationaux de la FCI ;

– **Ouverte** : pour les expositions Internationales et Nationales ; chiens âgés de 15 mois comptés à la veille de l'ouverture de l'exposition et sans limite au-dessus.

Donne droit à l'attribution du CACS en concurrence avec la classe Travail et du CACIB en concurrence avec la classe Travail et Champion ;

– **Travail** : seuls sont admis les chiens titulaires de l'attestation permettant l'engagement en classe Travail ;

– **Jeune** : pour les chiens âgés de 9 à 18 mois comptés à la veille de l'ouverture de l'exposition ;

– **Pupille** : pour les chiens âgés de 6 à 9 mois au jour de l'exposition.

Pour un chien âgé de quinze à dix-huit mois, il existe deux possibilités d'inscription, à la discrétion du propriétaire : classe Ouverte ou classe Jeune.

L'exposition se déroule généralement sur une seule journée, si elle est régionale ou nationale, et sur deux jours si elle est internationale.

Les chiens sont préalablement soumis à un rapide contrôle vétérinaire pour déceler la présence d'éventuelles maladies et l'absence de chaleurs chez les femelles ; au cours de cette visite, le propriétaire doit montrer le certificat de vaccination antirabique. Chaque sujet se voit attribuer un petit carton avec son numéro d'identification qui correspond à celui noté sur le catalogue de tous les sujets participant à l'exposition.

Chaque race est jugée dans un espace spécifique de l'exposition appelé « ring ». L'entrée des sujets sur le ring se fait dans l'ordre indiqué sur le catalogue et selon la répartition par classes. Chaque exposant entre en même temps que les sujets appartenant à la même classe et se range le long du ring.

Le juge, après avoir examiné rapidement tous les sujets présents, passe à un examen détaillé de chacun d'eux.

Le juge demande à chaque fois à l'exposant de faire marcher son chien, autrement dit de le faire défiler pour observer son allure, son postérieur et sa partie antérieure, et enfin le comportement de la ligne dorsale pendant la marche.

Au terme de cet examen, le juge produit un compte-rendu concernant les différentes parties anatomiques du sujet, leurs qualités et leurs défauts, l'allure, le comportement sur le ring, la présentation.

Puis, on attribue, en fonction de ce compte-rendu, l'un des qualificatifs suivants (excepté le cas rare où le juge estime que le sujet ne mérite aucun qualificatif) :

– **Excellent** : un tel qualificatif est attribué au sujet le plus proche du standard idéal de sa race; il est en parfaite santé, il présente un ensemble harmonieux et équilibré, il a «de la classe» et une brillante allure. Il doit s'imposer pour ses grandes qualités, qui font pardonner d'éventuelles petites imperfections, et doit afficher toutes les caractéristiques du sexe auquel il appartient;

– **Très Bon** : ce qualificatif est attribué au sujet dont le type est parfait, les proportions équilibrées et en bonne condition physique.

Les petits défauts sont pardonnés, excepté ceux d'ordre morphologique.

Ce qualificatif récompense uniquement un chien de qualité;

– **Bon** : ce qualificatif récompense le chien qui possède les caractéristiques de sa race, tout en accusant quelques défauts, à condition bien sûr que ces derniers ne soient pas rédhibitoires;

– **Assez bon** : ce qualificatif est attribué à un chien suffisamment typé, sans qualités notables et sans problèmes physiques.

Le juge peut attribuer le CACIB (uniquement dans les expositions internationales) à chacun des deux sexes; ce dernier n'est accordé qu'au meilleur des chiens classé premier Excellent dans les classes champion, ouverte ou travail, et le Certificat d'Aptitude au Championnat (CAC) (en exposition internationale ou nationale) qui est attribué au meilleur chien classé Excellent dans la classe ouverte ou libre.

Une fois les qualificatifs attribués à chaque classe, on procède à la belle entre les participants de même sexe et qui ont remporté le même qualificatif. Tout se joue donc à présent entre le premier de la classe champion, celui de la classe ouverte, travail et jeune ; le juge choisira parmi eux le meilleur mâle puis, selon les mêmes critères, la meilleure femelle.

Dans les expositions internationales qui attribuent également .le CACIB, la belle est réservée aux chiens qui ont remporté la classe champion, libre ou travail.

Il arrive par conséquent, même si c'est rare, que le vainqueur du CACIB ne soit pas nécessairement le chien le plus beau de son sexe, car on peut lui préférer le chien vainqueur de la classe jeune.

Au cours de la belle entre le meilleur mâle et la meilleure femelle, il revient au juge de proclamer le meilleur sujet de la race, autrement dit le chien qui, ce jour, est le meilleur représentant de sa race. Ces sujets sont également désignés sous le sigle BOB (de l'anglais *Best of breed*) et BOS (*Best opposite sex*).

Un Carlin à la robe bien entrtenue a toutes ses chances dans une exposition. (© Gauzargues/Cogis)

En conclusion de l'exposition, on a le duel entre les groupes : une véritable finale entre tous les chiens jugés meilleurs représentants de leur race. On compte dix regroupements pour les expositions internationales et huit pour les expositions nationales. Les chiens sont jugés par rapport au groupe auquel ils appartiennent, autrement dit en même temps que les autres races avec lesquelles ils partagent des traits et des origines communes.

L'exposition se conclut sur les vainqueurs de tous les groupes (l'exposition nationale aura duré une journée et l'internationale deux journées) qui s'affrontent pour remporter le titre du meilleur sujet de l'exposition ou BIS (*Best in Show*).

Pour en savoir plus

- **Club francais du Boston Terrier & du Carlin**

  15, rue du sergent Bauchat
  75012 Paris
  Téléphone : 01 43 46 89 94
  Fax : 01 43 46 89 84
  Email : isis75@wanadoo.fr

- **Société centrale canine (SCC)**

  155, avenue Jean-Jaurès
  93535 Aubervilliers Cedex
  Tél. : 01 49 37 54

- **Fédération cynologique internationale (FCI)**

  13, place Albert 1er
  6530 Thuin
  Belgique
  Tél. : (00) 32 71 59 12

Achevé d'imprimé en septembre 2008
en Italie sur les presses de DeaPrinting
Dépôt légal : septembre 2008
Numéro d'éditeur : 10321